改訂

中学入試

ここで差がつく！

ゴロ合わせで覚える

社会140

著者 宮本毅 アテナ進学ゼミ主宰（東京・吉祥寺の名門塾）

出演 小西克幸 声優

※この本には「赤色チェックシート」がついています。
※この本は小社より2019年に刊行された
『改訂版 中学受験 ここで差がつく！ ゴロ合わせで覚える社会140』の改訂第2版です。

KADOKAWA

はじめに

　近年「思考力を問う問題」が空前のブームを迎えています。多くの学校や塾でも「当校は考える力を重視しています」「うちの塾ではお子さんの思考力を伸ばします」などと説明されます。

　確かに私たちは「思考力を伸ばします」などと言われると、すごい教育なのだと感じます。でも「思考力」とは何かをきちんと説明できる人はあまりいませんね。

　かつての中学受験は「詰め込み式学習」のやり方が批判されていました。現在はその批判を回避するため、塾では「思考力」をまるで免罪符のように使い始めています。あたかも「思考力を鍛えることこそ、学習の本道である」かのように声高に「思考力」を叫びます。

　しかし、よく考えてみてください。何もないところに「思考力」は生まれるでしょうか？　たとえば「地球環境問題」について議論するときに、環境問題について何も知らない人が説得力のある説を唱えることはできません。山で遭難したときに、初めて登山をした初心者よりも登山経験が豊かで山の知識豊富な人ほど、状況を分析して助かる方法を考え出せる確率が高いのは明らかです。

　つまり「思考力」を身につけるためにはまずそれを裏打ちするための「確固たる知識」が必要なのです。それをないがしろにして「考える力」を養うことはできません。「思考力」とはすなわち「知識や経験を活かす力」のことです。「豊富な知識」を土台にしてこそ成り立つものなのです。

　本書では社会という科目における「思考力」を養うために必

要な「知識」を身につけるべく、地理・歴史・公民にわたり、「最低限コレだけは」という内容のみを掲載しました。つまり、「知識を得る最短距離」を走ってもらおうというのが本書の目的です。もちろん「入試によく出ること」も網羅してありますので、暗記すべき内容はこれ一冊にまとめてあります。よく出る「記述問題」のヒントも掲載しています。

　今回改訂第2版を出すにあたって、よりリズミカルで耳に残りやすい「ゴロ」に改良しました。よくある「年号暗記」だけでなくそれ以外の知識も「ゴロ」の中に盛り込んであります。内容にもメスを入れ、本当にこの一冊だけでこと足りるようにブラッシュアップしました。さらに、音声ダウンロード特典や解き直しPDF特典も追加し、より楽しく・くり返し暗記ができるようになりました。

　この本で社会の「思考力の基礎」となる暗記事項をしっかりとマスターして、合格をガッチリもぎ取りましょう！

宮本　毅

本書の特長とその使い方

このテーマで
覚える内容の
「覚え方」

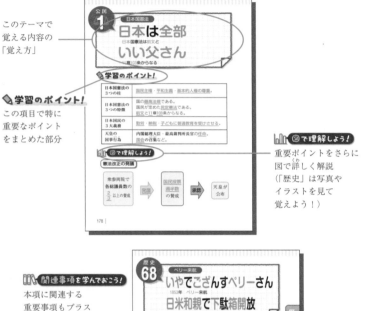

🖋️ **学習のポイント!**
この項目で特に
重要なポイント
をまとめた部分

📊 **図で理解しよう!**
重要ポイントをさらに
図で詳しく解説
(「歴史」は写真や
イラストを見て
覚えよう!)

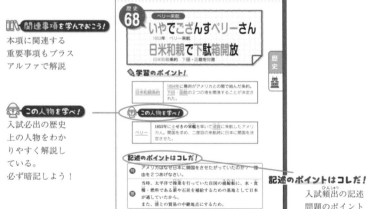

📖 **関連事項を学んでおこう!**
本項に関連する
重要事項もプラス
アルファで解説

🏛️ **この人物を学べ!**
入試必出の歴史
上の人物をわか
りやすく解説し
ている。
必ず暗記しよう!

✍️ **記述のポイントはコレだ!**
入試頻出の記述
問題のポイント
を短い文で示し
てあるぞ

聞いて、書いて、くり返しインプット！
特典音声と解き直しPDFの
ダウンロード方法

http://kdq.jp/goroshakai

ユーザー名：goroshakai　　　パスワード：t9nmf-r3

特典音声…声優・小西克幸さんの読み上げを聞いて楽しく暗記！

「特典音声のダウンロードはこちら」という一文をクリックして、ユーザー名とパスワードをご入力のうえ、ダウンロードし、ご利用ください。

特典解き直しPDF…空欄に書き入れて、定着度チェック！

「特典PDFのダウンロードはこちら」という一文をクリックして、ユーザー名とパスワードをご入力のうえ、ダウンロードし、ご利用ください。

※音声はmp3形式で保存されています。お聞きいただくにはmp3ファイルを再生できる環境が必要です。
※音声はパソコンでの再生を推奨します。一部のポータブルプレーヤーにデータを転送できない場合もございます。
※ダウンロードはパソコンからのみとなります。携帯電話・スマートフォンからはダウンロードできません。
※ダウンロードページへのアクセスがうまくいかない場合は、お使いのブラウザが最新であるかどうかご確認ください。また、ダウンロードする前にパソコンに十分な空き容量があることをご確認ください。
※フォルダは圧縮されています。解凍したうえでご利用ください。
※なお、本サービスは予告なく終了する場合がございます。あらかじめご了承ください。

もくじ

地理

🏯 歴 史

⚖️ 公民

P.25 イラスト出典：漁業種類イラスト集　農林水産省 Web サイト
　　　　　　　（http://www.maff.go.jp/j/tokei/census/gyocen_illust2.html）
　　　　写真：アフロ、DNP アートコミュニケーションズ

地理 1

日本のすがた

東にあるのに南鳥島
東端　南鳥島

沖の与那国　北はえーっと択捉島
南端　沖ノ鳥島　　西端　与那国島　　北端　択捉島

学習のポイント！

日本の北端	択捉島（北海道）　北方領土のひとつ
日本の南端	沖ノ鳥島（東京都）　護岸工事がされている
日本の東端	南鳥島（東京都）
日本の西端	与那国島（沖縄県）
日本海流	沖縄の方から来る暖流。別名「黒潮」
千島海流	オホーツク海から来る寒流。別名「親潮」

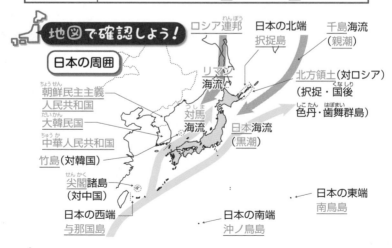

地図で確認しよう！

日本の周囲

ロシア連邦

日本の北端
択捉島

千島海流
（親潮）

リマン海流

朝鮮民主主義
人民共和国

大韓民国

中華人民共和国

対馬海流

北方領土（対ロシア）
（択捉・国後
色丹・歯舞群島）

竹島（対韓国）

日本海流
（黒潮）

尖閣諸島
（対中国）

日本の西端
与那国島

日本の南端
沖ノ鳥島

日本の東端
南鳥島

地理 2

稲作の手順

トラック起こして城つくり、
田起こし・代かき（トラクター）➡

田中は今晩稲刈りだ！
田植え ➡ 中干し ➡ 稲刈り・脱穀（コンバイン）

学習のポイント！

稲の品種と主な生産地	コシヒカリ	新潟県（越後平野）・栃木県などで生産
	ひとめぼれ	宮城県（仙台平野）・岩手県などで生産
	ヒノヒカリ	熊本県・福岡県などで生産
	あきたこまち	秋田県（秋田平野）・岩手県などで生産
	キヌヒカリ	兵庫県・滋賀県などで生産
	ななつぼし	北海道（石狩平野・上川盆地）で生産
	はえぬき	山形県（庄内平野）で生産
	ゆめぴりか	北海道で生産

関連事項を学んでおこう！

稲作の作業手順

種もみ選び ➡ 育苗 ビニールハウス ➡ 田起こし <u>トラクター</u> ➡ 代かき トラクター

➡ 田植え 田植え機 ➡ 中干し ➡ 稲刈り <u>コンバイン</u> ➡ 脱穀 <u>コンバイン</u>

日本の野菜づくり

カレーの材料北海道

ニンジン・タマネギ・ジャガイモ　1位北海道

宮ピー速攻ナス食べる

宮崎県 ➡ ピーマン　促成栽培　高知県 ➡ なす

📝学習のポイント！

近郊農業 （きんこう）	大消費地（首都圏・名古屋・大阪）の周辺で行われる農業のこと。新鮮な野菜を速く大量に輸送することができる。 千葉県・茨城県・愛知県・兵庫県などでさかん。 　きゅうり…宮崎・群馬・埼玉・福島 　ねぎ　　…千葉・埼玉・茨城
促成栽培 （そくせいさいばい）	春先でも暖かい気候を利用して、なすやピーマンなど夏野菜をビニールハウスの中で栽培し、時期を早めて生産する農法。 高知平野・宮崎平野・房総半島などでさかん。 　なす　　…高知・熊本・群馬・福岡・茨城 　ピーマン…茨城・宮崎・高知・鹿児島
高冷地 農業 （よくせいさいばい） （抑制栽培）	夏でも涼しい高原で、キャベツ・レタスなどの春野菜を、時期をおくらせて生産する農法。これらの野菜を高原野菜という。 群馬県嬬恋村や長野県野辺山原でさかん。 収穫された野菜は冷やしたまま消費地へ送られる。 （コールドチェーン） 　レタス　…長野・茨城・群馬

日本の果物づくり

若い姫君みかんが大好き

和歌山県・愛媛県 ➡ みかん

山はなしでもモモ・ブドウ

山梨県 ➡ もも・ぶどう

🖋 学習のポイント！

扇状地	川が山間部から平地に出るところでは、<u>たい積作用</u>が強くはたらき、土石がたまって扇状地ができる。扇状地は<u>日当たり</u>と<u>水はけ</u>が良いため、果樹栽培に適している。 また盆地は昼夜の寒暖の差が大きいため、**甘味の強い果物**ができる。 <u>ぶどう</u>…山梨・長野・山形・岡山 <u>もも</u>　…山梨・福島・長野
だんだん畑	山や丘の斜面に**階段状**につくられた畑。日当たりが確保できるので、果樹栽培に適している。 <u>みかん</u>　　　　…和歌山・愛媛・静岡・熊本 <u>キウイフルーツ</u>…愛媛・福岡・和歌山
気候と果物	日本は**さまざまな気候**がみられるため、いろいろな種類の果物が生産されている。 <u>りんご</u>　…青森・長野・山形・岩手 <u>日本なし</u>…千葉・茨城・栃木・福島・鳥取 <u>びわ</u>　　…長崎・千葉・香川・鹿児島 <u>かき</u>　　…和歌山・奈良・福岡 <u>さくらんぼ</u>…山形・北海道・山梨

日本の工芸作物

お茶を静かに囲んで見るよ

静岡県・鹿児島県・三重県 ➡ 茶

下仁田で今夜ネギ育つ

下仁田（群馬県）➡ こんにゃく・ネギ

学習のポイント！

工芸作物	そのまま食べるのではなく、染料や油などをとるために作られたり、工場で**加工**するために作られる作物。 茶 …**静岡・鹿児島**・三重 こんにゃくいも…**群馬**・栃木 **てんさい** …**北海道**（100%） **さとうきび**…**沖縄**・鹿児島 **い草** …**熊本**・福岡 たばこ …熊本・宮崎・岩手・鹿児島
シラス台地	**桜島**や**霧島**山など**九州**南部に数多く分布する火山の噴火によって形成された、火山灰などでできた台地。最上部はとても平らで、農業・**畜産業**などに活用されている。 **水はけが良い**（**水持ちが悪い**）ため、**さつまいも・茶・たばこ**などの作物の**栽培**に適している。
牧之原 （牧ノ原） 台地	**静岡県**中西部にある台地。 **水はけが良すぎて**稲作には向かないが、気候が**温暖**で**霜**があまり降りないため**茶の栽培**に適している（霜が茶葉につくと質が落ちる）。

地理 6

日本の畜産業

牛乳飲んでホッとする熊がいる

乳牛の飼育頭数　北海道　栃木県　熊本県　岩手県

肉はよくかみなさい

肉用牛・肉用若鶏・ぶたは鹿児島県・宮崎県が上位を占める

🖊 学習のポイント！

おもな家畜の飼育頭数

		乳用牛	肉用牛	ぶ　た	採卵鶏	肉用若鶏
1位		**北海道**	北海道	鹿児島	茨城	鹿児島
2位		栃木	**鹿児島**	宮崎	千葉	宮崎
3位		熊本	**宮崎**	北海道	鹿児島	岩手
4位		岩手	熊本	群馬	広島	青森
5位		群馬	岩手	千葉	**愛知**	北海道

(2023/24年版「日本国勢図会」)

- 乳用牛……北海道（根釧台地）岩手県（小岩井農場）
- 採卵鶏……にわとりの卵は鮮度が落ちやすいため、大消費地に近い場所で多く生産される（近郊農業）。

記述のポイントはコレだ！

問	日本の食用肉の自給率は数字上では約60%と比較的高いが、実際にはもっと低いという意見もある。それはなぜか？
答	家畜の飼料は主にとうもろこしを使っているが、とうもろこしはほぼ100%輸入にたよっているから。

日本の食料自給率

大豆なら小麦がいいな

大豆 ➡ 7%　　　小麦 ➡ 17%

米食うやつはさっぱりだ

米 ➡ 98%　　　　自給率 ➡ 38%

学習のポイント!

おもな食料の自給率

	米	小麦	大豆	いも類	野菜
1995年	104%	7%	2%	87%	85%
2021年	98%	17%	7%	72%	80%

	果物	肉類	鶏卵	魚介類	総合
1995年	49%	57%	96%	57%	43%
2021年	39%	53%	97%	58%	38%

（農林水産省）

おもな食料の輸入先

小　麦	アメリカ・カナダ・オーストラリア
大　豆	アメリカ・ブラジル・カナダ
とうもろこし	70%近くをアメリカから輸入
野　菜	中国・アメリカ・韓国
果　物	アメリカ・フィリピン（バナナなど）・中国
肉　類	アメリカ・オーストラリア・タイ

地理
8

日本の水産業

いいさまきあみ
いわし さば まきあみ漁法

さっさと棒受け
さんま 棒受けあみ漁法

学習のポイント！

沿岸漁業	日帰りで**あじ**や**さば**などをとる漁業（10 t 未満の船）。
沖合漁業	10 t 以上の船を使って**排他的経済水域**（<u>200</u>海里）内で**いわし**や**さんま**などをとる漁業。
遠洋漁業	大型の船で数十日～数か月かけて**かつお**や**まぐろ**をとる漁業。
養殖漁業	魚を**いけす**の中で育ててとる漁業。
栽培漁業	**さけ**や**ひらめ**などの**稚魚**を川や海に放流し、成長してもどってきたところをとる漁業。
魚つき林	森の生み出す**腐葉土**の栄養分が川や海に流れ込むことで、魚のえさとなる**プランクトン**が増えるため、古来より漁業関係者は山に<u>植林</u>を行ってきた。

図で理解しよう！

（農林水産省の Web サイトより）

はえなわ漁法　　まきあみ漁法　　トロール漁法　　棒受けあみ漁法
（まぐろ）　　　（いわし・さば）　　　　　　　　　（さんま）

天然の三大美林

あきたすぎ きそのひのきに
秋田すぎ　　　　　　　木曽ひのき

つがるひば
津軽ひば

📝 学習のポイント！

天然美林	津軽ひば（青森ひば）・秋田すぎ・木曽ひのき
人工美林	天竜すぎ・尾鷲ひのき・吉野すぎ
日本の林業	日本は国土の**約3分の2**が森林でおおわれている。特に森林の多い紀伊山地などではさかんに林業が行われてきた。 一方林業は、植林から伐採まで、長ければ60年以上かかる場合もあり、**収入も不安定**なため、若い<u>あとつぎ</u>**が不足**し、高齢化が進んでいる。

📚 関連事項を学んでおこう！

林業の作業手順

植林
苗木を植える

➡

下草がり
雑草除去

➡

枝打ち
余分な枝を切る

➡

間伐
間引き作業

➡

伐採
育った木を切る

➡

出荷
運び出す

日本三急流

山でもがくよ

最上川（山形県）

不死身のクマが

富士川（静岡県）　球磨川（熊本県）

学習のポイント！

日本三急流	最上川（山形） 富士川（長野➡山梨➡静岡） 球磨川（熊本）

関連事項を学んでおこう！

三大暴れ川	坂東太郎…利根川（群馬県・千葉県・茨城県） 筑紫次郎（二郎）…筑後川（福岡県） 四国三郎…吉野川（徳島県）
長　　さ	1位：信濃川（上流は千曲川、長野➡新潟） 2位：利根川（支流：渡良瀬川、鬼怒川など） 3位：石狩川
流域面積	河川に対して**降水が流れ込む範囲**のこと。 1位：利根川　　2位：石狩川　　3位：信濃川

記述のポイントはコレだ！

問	日本の川は外国の川に比べて、流れが速く短いのが特徴だが、それはなぜか？
答	日本は山がちで国土もせまいから。

地理 11

内陸県

里山で 長い軍議を

埼玉県　栃木県　山梨県　長野県　群馬県　岐阜県

ナシにする

奈良県　滋賀県

地図で確認しよう！

長野県（長野市）

群馬県（前橋市）

栃木県（宇都宮市）

岐阜県（岐阜市）

滋賀県（大津市）

埼玉県（さいたま市）

山梨県（甲府市）

奈良県（奈良市）

四大公害病

1、2、3、4

イタイイタイ病　新潟水俣病　水俣病　四日市喘息

公害病

学習のポイント！

四大公害病	水俣病	熊本県水俣市で発生。有機水銀が原因。
	新潟水俣病 （第二水俣病）	新潟県阿賀野川流域で発生。有機水銀が原因。
	イタイイタイ病	富山県神通川流域で発生。カドミウムが原因。
	四日市 ぜんそく	三重県四日市市で発生。石油化学コンビナートから出される亜硫酸ガスが原因。

関連事項を学んでおこう！

その他の公害・環境問題

光化学 スモッグ	工場や自動車の排出ガスにより汚染された空気が日光によって化学変化を起こしたもの。目やのどの痛みや頭痛を引き起こす。
ヘドロ	製紙・パルプ工業の廃水が原因でできる汚濁物質を含んだドロ。富士市などで発生。
アオコ	家庭からの生活排水が湖沼に流れ込み、水中の藻類が大量発生する現象。琵琶湖などで起こった。

日本の土地利用

愛をきみにちかう
愛知用水（木曽川 ➡ 知多半島）

迷惑なやつ
明治用水（矢作川 ➡ 岡崎平野）

学習のポイント！

全国のおもな用水路	安積疏水	猪苗代湖から郡山盆地へ引いた用水路
	大利根用水	利根川から九十九里平野北部へ引いた用水路
	両総用水	利根川から九十九里平野南部へ引いた用水路
	愛知用水	木曽川から知多半島へ引いた用水路
	明治用水	矢作川から岡崎平野へ引いた用水路
	豊川用水	豊川から渥美半島へ引いた用水路
	香川用水	吉野川から讃岐平野へ引いた用水路

関連事項を学んでおこう！

土地改良の工夫

客土	ほかの土地から農業に適した良質の土を運び入れる方法。石狩平野は泥炭地という枯れた植物がくさらずに積もっている湿地だったが、客土によって日本有数の米どころとなった。
暗きょ排水	地面の下に排水管を設置し、稲作に適さない湿田を乾田（自由に水を出し入れできる田）に変える方法で、越後平野などで行われた。

地図で確認しよう！

日本の
土地利用

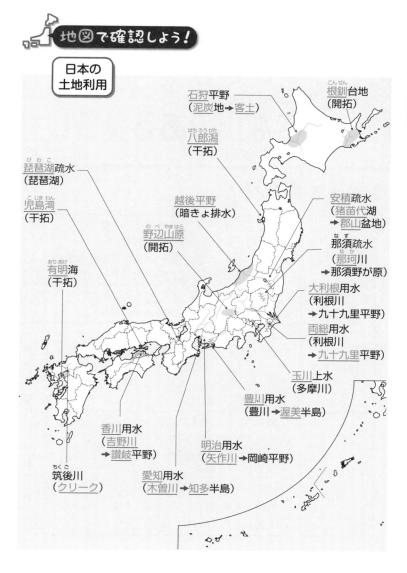

石狩平野
（泥炭地→客土）

根釧台地
（開拓）

八郎潟
（干拓）

琵琶湖疏水
（琵琶湖）

越後平野
（暗きょ排水）

安積疏水
（猪苗代湖
→郡山盆地）

児島湾
（干拓）

野辺山原
（開拓）

那須疏水
（那珂川
→那須野が原）

有明海
（干拓）

大利根用水
（利根川
→九十九里平野）

両総用水
（利根川
→九十九里平野）

玉川上水
（多摩川）

豊川用水
（豊川→渥美半島）

香川用水
（吉野川
→讃岐平野）

明治用水
（矢作川→岡崎平野）

筑後川
（クリーク）

愛知用水
（木曽川→知多半島）

石油化学コンビナートと製鉄所が両方ある都市

千葉かしら？

千葉　鹿嶋

大きな川のある暮らし

大分　川崎　倉敷

学習のポイント！

鉄 鋼 業	**鉄鉱石**・**石炭**・**石灰石**を原料とし、**鉄**をつくる工業。機械工業や建築材などに利用。 **室蘭**・**鹿嶋**・**千葉**・**君津**・**川崎**・**東海**・**和歌山**・**倉敷**・**福山**・**呉**・**北九州**・**大分**
アルミニウム工業	**ボーキサイト**を原料とし、**アルミニウム**をつくる工業。
自動車工業	日本の**機械**工業の中心。 自動車には**約3万個**の部品があり、これらは必要なときに必要な分だけ**関連**工場で作られ、組立て工場へ運ばれる**ジャストインタイム方式**で生産されている。
石油化学工業	**原油**を精製して作られる**ナフサ**を原料とし、**プラスチック**などを作る工業。 原油は**タンカー**で運ばれてくる。 港を中心に製油所・火力発電所・化学工場を一か所に集めた工場群を**石油化学コンビナート**という。 **鹿嶋**・**千葉**・**市原**・**袖ケ浦**・**川崎**・**四日市**・**大阪**・**倉敷（水島）**・**周南**・**大分**

地図で確認しよう！

日本の
重工業

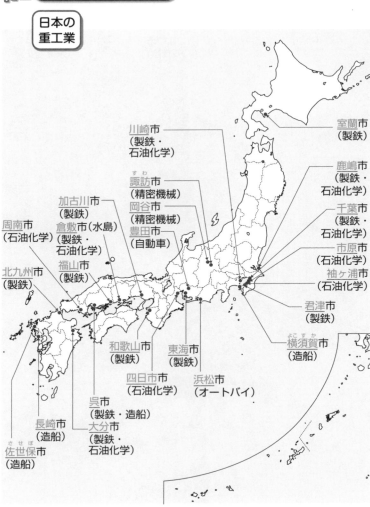

室蘭市
（製鉄）

川崎市
（製鉄・
石油化学）

鹿嶋市
（製鉄・
石油化学）

諏訪市
（精密機械）

岡谷市
（精密機械）

千葉市
（製鉄・
石油化学）

加古川市
（製鉄）

倉敷市（水島）
（製鉄・
石油化学）

豊田市
（自動車）

市原市
（石油化学）

周南市
（石油化学）

袖ヶ浦市
（石油化学）

北九州市
（製鉄）

福山市
（製鉄）

君津市
（製鉄）

和歌山市
（製鉄）

東海市
（製鉄）

横須賀市
（造船）

四日市市
（石油化学）

浜松市
（オートバイ）

呉市
（製鉄・造船）

長崎市
（造船）

大分市
（製鉄・
石油化学）

佐世保市
（造船）

地図で確認しよう！

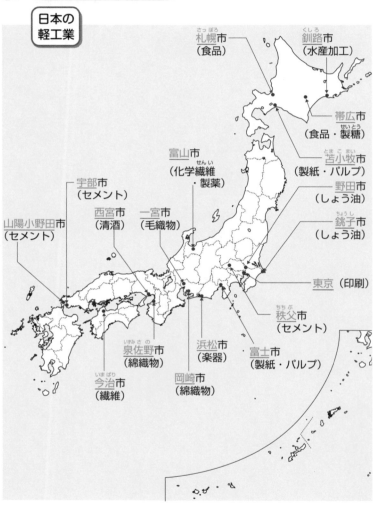

日本の
軽工業

札幌市
（食品）

釧路市
（水産加工）

帯広市
（食品・製糖）

苫小牧市
（製紙・パルプ）

野田市
（しょう油）

銚子市
（しょう油）

東京（印刷）

秩父市
（セメント）

富山市
（化学繊維
・製薬）

宇部市
（セメント）

西宮市
（清酒）

一宮市
（毛織物）

山陽小野田市
（セメント）

泉佐野市
（綿織物）

浜松市
（楽器）

富士市
（製紙・パルプ）

今治市
（繊維）

岡崎市
（綿織物）

日本の発電所

- ▲ 火力発電所
- ● 水力発電所
- ■ 原子力発電所
- ▼ 風力発電所
- ★ 地熱発電所

泊（とまり）

大間

東通（ひがしどおり）

松川

葛根田（かっこんだ）

志賀（しか）

柏崎刈羽（かしわざきかりわ）

女川（おながわ）

黒部（くろべ）

敦賀（つるが）

福島第一（廃炉）

福島第二（廃炉）

島根

東海

大飯（おおい）

鹿島

玄海（げんかい）

浜岡

袖ケ浦（そでがうら）

美浜

伊方（いかた）

高浜

横浜

川内（せんだい）

（2023年現在）

和紙の原料

和紙は

和紙の原料はこうぞとみつまた

こうぞとみつまた

土佐和紙（高知県）　美濃和紙（岐阜県）

📝 学習のポイント！

伝統的工芸品	古くから全国各地でつくられてきた陶磁器・漆器・織物・染物などの工芸品を指す。

● 以下の条件により**経済産業大臣**が指定した伝統的工芸品には、**伝統マーク**を使った伝統証紙が貼られている。

伝統マーク

① 日常生活で使用
② 手作りである
③ 伝統的な技術・技法を使用している
④ 100年以上使用されてきた原材料
⑤ 一定の地域で生産

記述の**ポイント**は**コレ**だ！

問	伝統的工芸品は北陸地方や東北地方などで多く発達した。それはなぜか？
答	北陸地方や東北地方は冬に雪が多く降るため、農作業ができなかったから。

地図で確認しよう！

おもな
伝統的工芸品

大館曲げわっぱ

津軽塗

天童将棋駒

南部鉄器

九谷焼
加賀友禅

輪島塗

宮城
伝統こけし

因州和紙

越前和紙

会津塗

益子焼

熊野筆

萩焼

鎌倉彫

箱根寄木細工

美濃和紙

備前焼

瀬戸染付焼

土佐和紙

信楽焼

伊万里・有田焼

西陣織
京友禅
京焼・清水焼

博多人形
博多織

琉球びんがた

地　理 | 37

地理 16

日本三景

宮島で尼さん待ってる

安芸の宮島　天橋立

松島

🔖 学習のポイント！

日本三景	松島（宮城県）、天橋立（京都府）、安芸の宮島（広島県）
世界遺産	ユネスコ（国連教育科学文化機関）が「世界遺産リスト」に登録する、遺跡・景観・自然などを指す。日本では25の世界遺産が登録されている（2023年）。そのうち20の文化遺産については文部科学省が、5つの自然遺産については環境省が管轄している。

📚 関連事項を学んでおこう！

白神山地	1993年、日本で初めて世界自然遺産に登録。秋田県と青森県にまたがりブナの原生林が広がる。
屋久島	1993年、日本で初めて世界自然遺産に登録。九州最高峰の宮之浦岳を中心に屋久すぎの原生林が広がり、樹齢数千年の縄文すぎの巨木が有名。
知床	「陸・海・空」の食物連鎖を見ることができる貴重な自然環境が評価され、2005年に世界自然遺産に登録された。流氷が観測できる場所として北半球で最も南に位置する。
小笠原諸島	固有種が数多く生息する自然環境が評価され、2011年に世界自然遺産に登録された。

地図で確認しよう！

世界自然遺産（＊）
日本三景（※）
日本三名園（＃）➡ 地理17

＊知床

＊白神山地
（ブナ原生林）

＃兼六園
（石川県金沢市）

※松島（宮城県）

＃偕楽園
（茨城県水戸市）

※天橋立
（京都府）

奄美大島、徳之島、
沖縄島北部及び西表島

＃後楽園
（岡山県岡山市）

※安芸の宮島
（広島県）

＊屋久島
（縄文すぎ）

＊小笠原諸島

日本三名園

かいらく、けんろく、こうらくえん
偕楽園　兼六園　後楽園

水戸かな岡山 三名園
茨城県水戸市　石川県金沢市　岡山県岡山市

🖊 学習のポイント！

日本三名園	偕楽園（茨城県水戸市）、兼六園（石川県金沢市）、後楽園（岡山県岡山市）

📚 関連事項を学んでおこう！

法隆寺地域の仏教建造物、姫路城、古都京都の文化財、
白川郷・五箇山の合掌造り集落、原爆ドーム（負の世界遺産）、
厳島神社、古都奈良の文化財、日光の社寺、
琉球王国のグスクおよび関連遺産群、紀伊山地の霊場と参詣道、
石見銀山遺跡とその文化的景観、
平泉－仏国土（浄土）を表す建築・庭園および考古学的遺跡群、
富士山－信仰の対象と芸術の源泉、富岡製糸場と絹産業遺産群、
明治日本の産業革命遺産（官営八幡製鉄所、松下村塾など）、
国立西洋美術館、「神宿る島」宗像・沖ノ島と関連遺産群（福
岡県）、長崎と天草地方の潜伏キリシタン関連遺産（長崎・熊
本）、百舌鳥・古市古墳群（大阪）、北海道・北東北の縄文遺跡
群、佐渡島の金山

地図で確認しよう！

世界文化遺産

北海道・北東北の縄文遺跡群

長崎と天草地方の潜伏キリシタン関連遺産

富岡製糸場

白川郷（岐阜県）・五箇山（富山県）の合掌造り集落

佐渡島の金山

平泉－仏国土（浄土）を表す建築・庭園および考古学的遺跡群

原爆ドーム

石見銀山遺跡とその文化的景観

姫路城

日光の社寺

国立西洋美術館

富士山

古都京都の文化財

古都奈良の文化財

厳島神社

法隆寺地域の仏教建造物

百舌鳥・古市古墳群

紀伊山地の霊場と参詣道

「神宿る島」宗像・沖ノ島と関連遺産群

琉球王国のグスクおよび関連遺産群

地　理

地　理 | 41

人口100万人以上の都市

横の大きな札束で
横浜　大阪　名古屋　札幌

幸福の木を買う際拾った千円
神戸　福岡　京都　川崎　さいたま　広島　仙台

学習のポイント！

（2023/24年版「日本国勢図会」）

横　浜　市	神奈川県の県庁所在地。人口380万人
大　阪　市	大阪府の府庁所在地。人口約270万人
名　古　屋　市	愛知県の県庁所在地。人口約230万人
札　幌　市	北海道の道庁所在地。人口約200万人
福　岡　市	福岡県の県庁所在地。人口約160万人
川　崎　市	神奈川県の工業都市。人口約150万人
神　戸　市	兵庫県の県庁所在地。人口約150万人
京　都　市	京都府の府庁所在地。人口約140万人
さいたま市	埼玉県の県庁所在地。人口約130万人
広　島　市	広島県の県庁所在地。人口約120万人
仙　台　市	宮城県の県庁所在地。人口約110万人

関連事項を学んでおこう！

政令指定都市	政令で指定された、人口50万人以上の都市。条例により「区（行政区）」を設けるものとされる。ちなみに東京都の場合は「特別区」といわれる。

地図で確認しよう！

政令指定都市

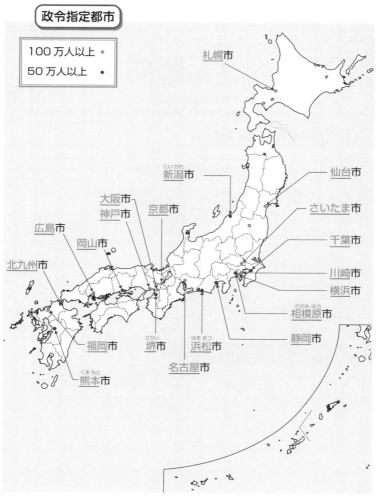

100万人以上 •

50万人以上 •

札幌市

新潟市

仙台市

大阪市
神戸市

京都市

さいたま市

広島市

岡山市

千葉市

北九州市

川崎市
横浜市

相模原市

福岡市

堺市

浜松市

静岡市

熊本市

名古屋市

新幹線

北東の秋が山へと
（北から）北海道　東北　秋田　山形

上陸し 父さん要求 新幹線
上越　北陸　東海道　山陽　九州・西九州

学習のポイント！

東海道・山陽新幹線	東京〜新大阪〜博多。
東北・北海道新幹線	東京〜新青森〜新函館北斗。
上越新幹線	東京〜新潟。
北陸新幹線	東京〜金沢。かがやき・はくたか・つるぎ・あさま
九州新幹線	博多〜鹿児島中央。つばめ
西九州新幹線	武雄温泉（佐賀）〜長崎。
山形新幹線	ミニ新幹線。福島〜新庄。つばさ
秋田新幹線	ミニ新幹線。盛岡〜秋田。こまち

関連事項を学んでおこう！

青函トンネル	青森と函館を結ぶ海底トンネル。
関門トンネル	下関と門司を結ぶ海底トンネル。
東京湾アクアライン	川崎と木更津を結ぶ高速道路。トンネル部と橋部に分かれ、その途中には海ほたるというパーキングエリアがある。
本州四国連絡橋	本州と四国を結ぶ連絡橋。瀬戸大橋・明石海峡大橋と大鳴門橋・瀬戸内しまなみ海道がある。

地図で確認しよう！

日本の新幹線
トンネル
鉄橋

新函館北斗駅
北海道新幹線
新青森駅
青函トンネル
八戸駅
東北新幹線
秋田駅
秋田新幹線
盛岡駅
山形新幹線
新庄駅
上越新幹線
福島駅
北陸新幹線
新潟駅
九州新幹線
金沢駅
長野駅
関門トンネル
東海道新幹線
高崎駅
山陽新幹線
大宮駅
東京駅
東京湾アクアライン
(川崎〜木更津間)
新大阪駅
明石海峡大橋・大鳴門橋
(神戸・鳴門ルート)
博多駅
瀬戸大橋
新八代駅
(児島・坂出ルート)
鹿児島中央駅
瀬戸内しまなみ海道
(尾道・今治ルート)
長崎駅
西九州新幹線
武雄温泉駅

北海道の山地・山脈

天の北側

天塩山地　北見山地

夕日が大切

夕張山地　日高山脈　大雪山（たいせつざん）

🖊学習のポイント！

北海道地方の農林水産業	稲　作	石狩平野・上川盆地のななつぼし・ゆめぴりか。
	畑　作	十勝平野・北見盆地のじゃがいも・てんさい たまねぎ・にんじん・小麦・大豆なども全国1位。
	畜　産	根釧台地（実験農場・パイロットファーム）の 酪農（乳牛）。
	水産業	釧路港のすけとうだら・さけ・かに（北洋漁業）。 サロマ湖のほたて貝の養殖。 利尻こんぶや日高こんぶ。

北海道地方の工業・産業	食料品工業	北海道は日本有数の農水産物の生産量を誇る。 帯広（製糖・乳製品）、札幌（乳製品・ビール）、釧路・小樽・函館（水産加工）
	北海道 工業地域	古くは炭鉱を中心に栄えた。 苫小牧（日本初のほりこみ港、製紙・パルプ）、旭川（製紙）、室蘭（鉄鋼）、函館（造船）
	観　光　業	美しい自然に恵まれているため観光客も多い。 札幌（雪まつり）、旭川（旭山動物園）、函館（夜景）、小樽（石造り・レンガ造りの倉庫）、摩周湖（霧）、阿寒湖（マリモ）

地図で確認しよう！

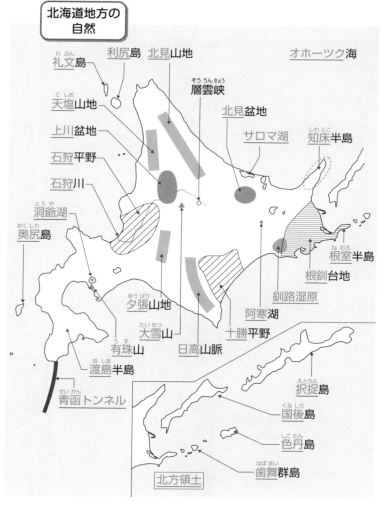

北海道地方の自然

礼文島
利尻島
北見山地
オホーツク海
層雲峡
天塩山地
北見盆地
上川盆地
サロマ湖
知床半島
石狩平野
石狩川
洞爺湖
奥尻島
夕張山地
大雪山
有珠山
日高山脈
渡島半島
青函トンネル
根室半島
根釧台地
釧路湿原
阿寒湖
十勝平野

北方領土
択捉島
国後島
色丹島
歯舞群島

地図で確認しよう！

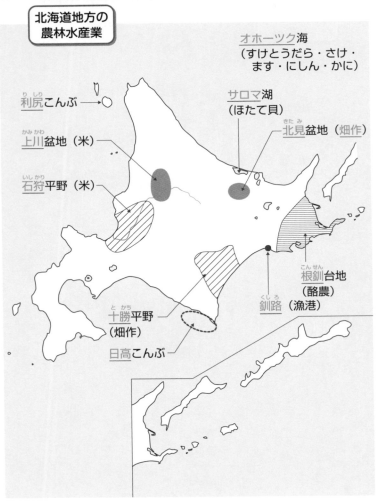

北海道地方の
農林水産業

オホーツク海
（すけとうだら・さけ・
ます・にしん・かに）

利尻こんぶ →

サロマ湖
（ほたて貝）

北見盆地（畑作）

上川盆地（米）

石狩平野（米）

根釧台地
（酪農）

釧路（漁港）

十勝平野
（畑作）

日高こんぶ

地理

北海道地方の
工業

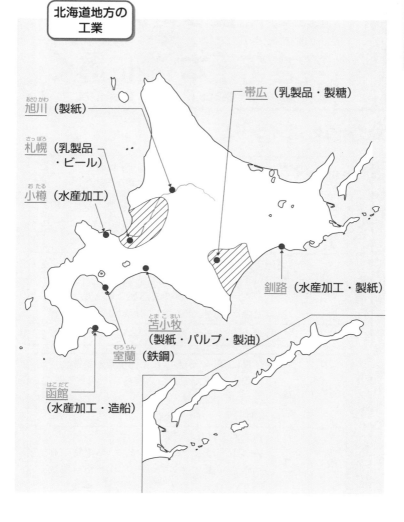

帯広（乳製品・製糖）

旭川（製紙）

札幌（乳製品
・ビール）

小樽（水産加工）

釧路（水産加工・製紙）

苫小牧
（製紙・パルプ・製油）

室蘭（鉄鋼）

函館
（水産加工・造船）

東北四大祭り

山で花食う青いブタ

山形市　山形花笠まつり　青森市　青森ねぶた祭

空き缶千本　棚に置く

秋田市　秋田竿燈まつり　仙台市　仙台七夕まつり

学習のポイント！

東北地方の農林水産業	稲作	秋田平野のあきたこまち、宮城県仙台平野のひとめぼれ、山形県庄内平野のはえぬきなど。
	果樹	青森県津軽平野のりんご、福島盆地のもも、山形盆地のさくらんぼ・ぶどうなど。
	畜産	岩手県小岩井農場の乳牛（乳製品）
	水産業	宮城県石巻港の沖合には日本海流（黒潮）と千島海流（親潮）がぶつかる潮目（潮境）がある。 青森県八戸港は日本有数のいかの水あげ高がある。 青森県陸奥湾のほたて貝、宮城県仙台湾のかき。
	林業	青森県の津軽ひば（青森ひば）、秋田県の秋田すぎ。

東北地方の工業・産業	伝統的工芸品	冬場に農業のかわりに家内工業が発達。 大館市（曲げわっぱ）、盛岡市（南部鉄器）、弘前市（津軽塗）、鳴子（こけし）、天童市（将棋駒）
	観光業	東北四大祭りなど観光名所も多い。 青森市（ねぶた祭）、秋田市（竿燈まつり）、仙台市（仙台七夕まつり）、山形市（花笠まつり）、松島（日本三景）、蔵王（樹氷）

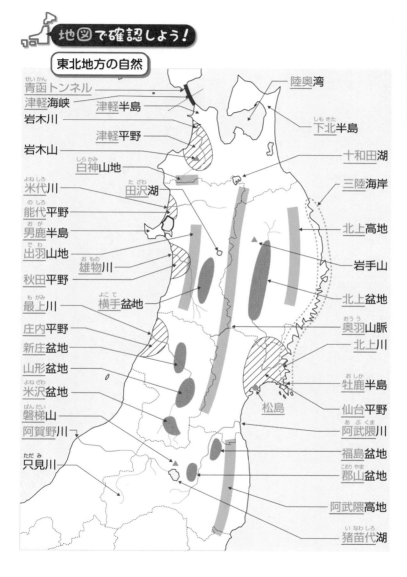

地図で確認しよう！

東北地方の自然

青函トンネル
津軽海峡
岩木川
岩木山
白神山地
米代川
能代平野
男鹿半島
出羽山地
雄物川
秋田平野
最上川
庄内平野
新庄盆地
山形盆地
米沢盆地
磐梯山
阿賀野川
只見川

津軽半島
津軽平野
田沢湖
横手盆地

陸奥湾
下北半島
十和田湖
三陸海岸
北上高地
岩手山
北上盆地
奥羽山脈
北上川
牡鹿半島
仙台平野
阿武隈川
福島盆地
郡山盆地
阿武隈高地
猪苗代湖

松島

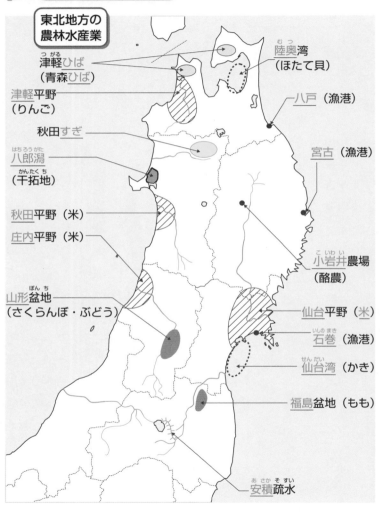

地図で確認しよう！

東北地方の
農林水産業

津軽ひば
（青森ひば）

陸奥湾
（ほたて貝）

津軽平野
（りんご）

八戸（漁港）

秋田すぎ

宮古（漁港）

八郎潟
（干拓地）

秋田平野（米）

庄内平野（米）

小岩井農場
（酪農）

山形盆地
（さくらんぼ・ぶどう）

仙台平野（米）

石巻（漁港）

仙台湾（かき）

福島盆地（もも）

安積疏水

地図で確認しよう！

東北地方の
工業

六ヶ所村
（核燃料サイクル施設）

弘前（津軽塗）

大館
（曲げわっぱ）

盛岡
（南部鉄器）

天童（将棋駒）

米沢
（置賜つむぎ）

鳴子温泉
（こけし）

会津若松
（会津塗）

千葉県沿岸の工業都市

千葉市で

千葉（石油化学コンビナート・鉄鋼）　市原（石油化学）

袖を伸ばす君

袖ヶ浦（石油化学コンビナート）　君津（鉄鋼）

学習のポイント！

関東地方の農林水産業	農業	千葉県・茨城県・埼玉県の近郊農業。 群馬県嬬恋村のキャベツ（高冷地農業・高原野菜） 千葉県下総台地のらっかせい・さつまいも 群馬県下仁田のこんにゃくいも・ねぎ 栃木県のいちご（とちおとめ）

関東地方の工業・産業	京浜工業地帯	東京湾の西岸臨海部に発達。 東京（出版・印刷）、川崎（鉄鋼・石油化学）、横浜（自動車）、横須賀（自動車・造船）
	京葉工業地域	金属・化学工業の割合が高い。 千葉（鉄鋼・石油化学）、市原（石油化学）、袖ヶ浦（石油化学）、君津（鉄鋼）
	関東内陸 　工業地域	かつては養蚕が盛んだった。 太田（自動車）、秩父（セメント）、高崎（電気機械） 結城（結城つむぎ）、桐生（桐生織）、益子（益子焼）
	鹿島臨海 　工業地域	Y字型のほりこみ港で有名。 鹿嶋（鉄鋼・石油化学）、神栖（製油・化学）

地図で確認しよう！

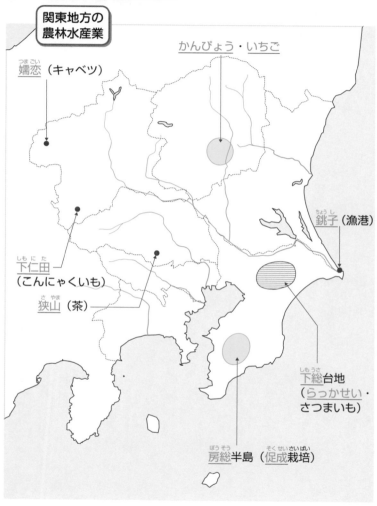

関東地方の
農林水産業

嬬恋（キャベツ）

かんぴょう・いちご

銚子（漁港）

下仁田
（こんにゃくいも）

狭山（茶）

下総台地
（らっかせい・
さつまいも）

房総半島（促成栽培）

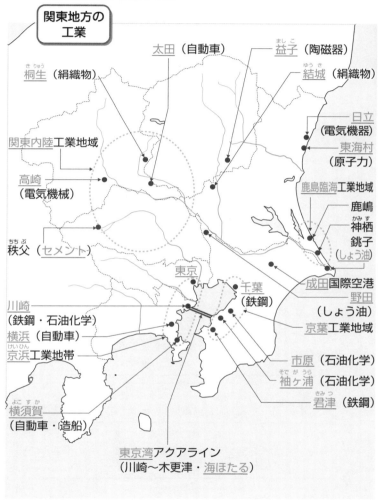

地図で確認しよう！

関東地方の工業

桐生（絹織物）

太田（自動車）

益子（陶磁器）

結城（絹織物）

日立（電気機器）

東海村（原子力）

関東内陸工業地域

高崎（電気機械）

鹿島臨海工業地域

鹿嶋

神栖

銚子（しょう油）

秩父（セメント）

東京

千葉（鉄鋼）

成田国際空港

野田（しょう油）

京葉工業地域

川崎（鉄鋼・石油化学）

横浜（自動車）

京浜工業地帯

市原（石油化学）

袖ヶ浦（石油化学）

君津（鉄鋼）

横須賀（自動車・造船）

東京湾アクアライン（川崎～木更津・海ほたる）

地理

愛知県の半島・河川

東京から見て名古屋はあっち
（東から順番に）渥美半島　知多半島

競いながらもいびきかく
（東から順番に）木曽川　長良川　揖斐川

学習のポイント！

中部地方の農林水産業	稲作	新潟県越後平野・富山平野のコシヒカリ
	野菜	愛知県の近郊農業、長野県野辺山原の高原野菜
	果樹	山梨県甲府盆地のぶどう・もも 長野県長野盆地のりんご・もも・ぶどう
	その他	静岡県牧之原（牧ノ原）台地の茶、愛知県渥美半島の電照菊、富山県砺波平野のチューリップ
	林業	木曽川上流の木曽ひのき（天然の三大美林） 天竜川上流の天竜すぎ（人工の三大美林）
	水産業	静岡県焼津港のかつおやまぐろ（遠洋漁業） 静岡県浜名湖のうなぎの養殖

中部地方の工業	中京工業地帯	日本一の工業生産額（2020年）。 豊田（自動車）、東海（鉄鋼）、瀬戸（陶磁器）
	東海工業地域	高速道路や新幹線など交通の便がよい。 富士・富士宮（製紙・パルプ）、浜松（楽器・オートバイ）
	伝統的工芸品	冬の間の家内工業が発達。 輪島（輪島塗）、小千谷（小千谷ちぢみ）

地図で確認しよう！

中部地方の
自然

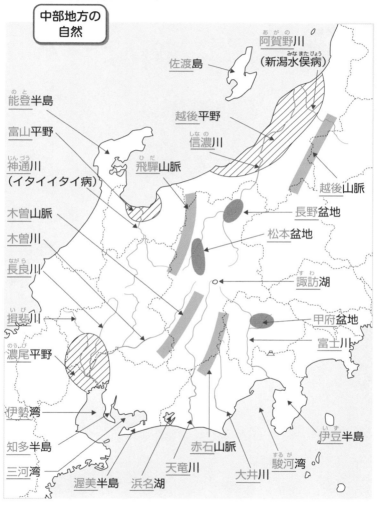

阿賀野川
（新潟水俣病）

佐渡島

能登半島

越後平野

富山平野

信濃川

神通川
（イタイイタイ病）

飛驒山脈

越後山脈

木曽山脈

長野盆地

松本盆地

木曽川

長良川

諏訪湖

揖斐川

甲府盆地

濃尾平野

富士川

伊勢湾

知多半島

伊豆半島

三河湾

赤石山脈

渥美半島　浜名湖　天竜川　大井川　駿河湾

中部地方の
農林水産業

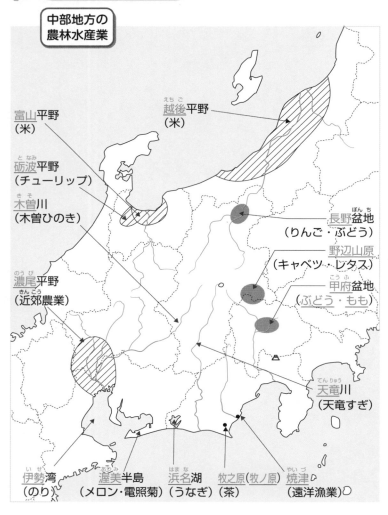

富山平野
（米）

砺波平野
（チューリップ）

木曽川
（木曽ひのき）

濃尾平野
（近郊農業）

越後平野
（米）

長野盆地
（りんご・ぶどう）

野辺山原
（キャベツ・レタス）

甲府盆地
（ぶどう・もも）

天竜川
（天竜すぎ）

伊勢湾
（のり）

渥美半島
（メロン・電照菊）

浜名湖
（うなぎ）

牧之原（牧ノ原）
（茶）

焼津
（遠洋漁業）

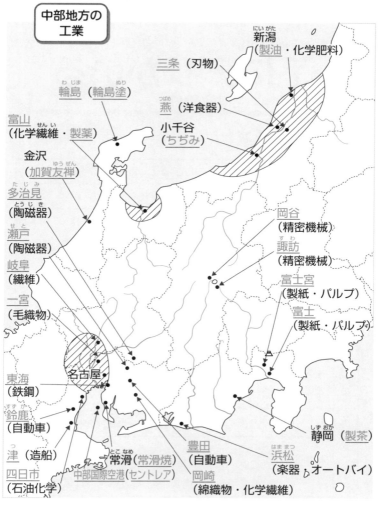

地図で確認しよう！

中部地方の
工業

新潟（製油・化学肥料）

三条（刃物）

輪島（輪島塗）

燕（洋食器）

小千谷（ちぢみ）

富山（化学繊維・製薬）

金沢（加賀友禅）

多治見（陶磁器）

瀬戸（陶磁器）

岐阜（繊維）

一宮（毛織物）

岡谷（精密機械）

諏訪（精密機械）

富士宮（製紙・パルプ）

富士（製紙・パルプ）

名古屋

東海（鉄鋼）

鈴鹿（自動車）

津（造船）

四日市（石油化学）

常滑（常滑焼）

中部国際空港（セントレア）

豊田（自動車）

岡崎（綿織物・化学繊維）

浜松（楽器・オートバイ）

静岡（製茶）

地　理　｜　61

地理

和歌山県の川

植木の

上　紀ノ川（きのかわ）

下にアリがいる

下　有田川（ありだがわ）

学習のポイント！

近畿地方の農林水産業	野　菜	兵庫県淡路島のたまねぎ（近郊農業）
	果　樹	紀ノ川・有田川流域のみかん・うめ・かき
	林　業	吉野すぎ・尾鷲ひのき（人工の三大美林） 和歌山県新宮市（製材）
	水産業	三重県志摩半島（リアス海岸）の真珠の養殖 琵琶湖（こい・ふな・ます・あゆの養殖）
	その他	京都府宇治の茶、奈良県大和郡山の金魚の養殖

近畿地方の工業	阪神工業地帯	中小工場の割合が多いのが特徴。 東大阪・門真・高槻・茨木（電気機器） 泉大津・岸和田など大阪府泉南地区（綿織物） 神戸（鉄鋼・造船）、西宮（清酒）、尼崎（金属製品） 神戸港（ポートアイランド、コンテナ専用埠頭） 関西国際空港（泉佐野沖合、24時間離着陸可能）
	伝統的工芸品	歴史が古いため文化が発達した。 京都府（西陣織・京友禅・清水焼・京焼・京漆器） 滋賀県甲賀市（信楽焼）、奈良県（奈良筆）

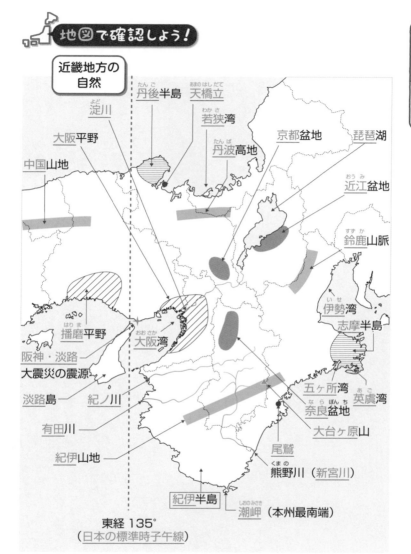

地図で確認しよう！

近畿地方の自然

丹後半島
天橋立
淀川
若狭湾
大阪平野
丹波高地
京都盆地
琵琶湖
中国山地
近江盆地
鈴鹿山脈
伊勢湾
志摩半島
播磨平野
大阪湾
阪神・淡路
大震災の震源
五ヶ所湾
英虞湾
淡路島
紀ノ川
奈良盆地
大台ヶ原山
有田川
尾鷲
紀伊山地
熊野川（新宮川）
紀伊半島
潮岬（本州最南端）

東経 135°
（日本の標準時子午線）

地図で確認しよう！

近畿地方の
農林水産業

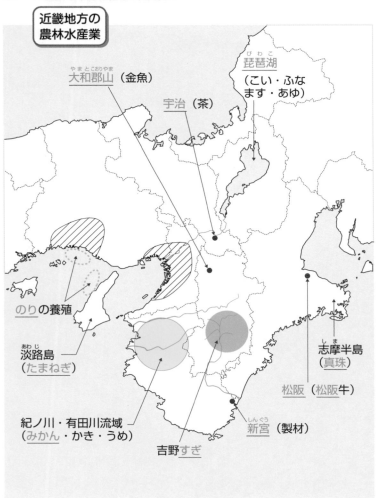

大和郡山（金魚）

宇治（茶）

琵琶湖
（こい・ふな
ます・あゆ）

のりの養殖

淡路島
（たまねぎ）

志摩半島
（真珠）

松阪（松阪牛）

紀ノ川・有田川流域
（みかん・かき・うめ）

吉野すぎ

新宮（製材）

64

地図で確認しよう！

近畿地方の工業

臨海地区

尼崎（金属製品）
西宮（清酒）
大阪（化学・金属）
神戸（鉄鋼・造船）
堺（石油化学）
吹田（ビール）

内陸地区（電気機器）

茨木
高槻
門真
守口
東大阪

姫路（鉄鋼）

明石海峡大橋

ポートアイランド

和歌山（鉄鋼）

関西国際空港

泉南地区（綿織物）

貝塚
岸和田
泉大津

本州四国連絡橋

児島の坂で瀬戸物ゲット!

瀬戸大橋(児島〜坂出ルート)

Oh, no! 今はしまいなさい

瀬戸内しまなみ海道(尾道〜今治ルート)

学習のポイント!

中国・四国地方の農林水産業	農　業	鳥取砂丘のらっきょう・日本なし（二十世紀） 高知平野のなす・ピーマン（促成栽培） 讃岐平野（ため池、香川用水←徳島県吉野川）
	果　樹	愛媛県のみかん・キウイフルーツ（だんだん畑） 岡山県のマスカット、小豆島のオリーブ
	水産業	宇和海（リアス海岸）の真珠、広島湾（かき）

中国・四国地方の工業	瀬戸内工業地域	かつては塩田や軍用地として利用していた地域。 倉敷・水島地区（石油化学・鉄鋼） 児島湾（L字型のほりこみ港、干拓） 広島県福山（鉄鋼）、尾道・呉（造船）、府中（自動車）、熊野（筆） 山口県宇部・山陽小野田（セメント）、周南（石油化学） 坂出（造船）、丸亀（うちわ）、今治（タオル）
	本州四国連絡橋	本州と四国を結ぶ3つのルート。 瀬戸大橋（児島〜坂出ルート、鉄道・自動車共用） 瀬戸内しまなみ海道（尾道〜今治ルート） 明石海峡大橋・大鳴門橋（神戸〜鳴門ルート）

地理

中国・四国地方の自然

中国・四国地方の
農林水産業

鳥取平野
（日本なし・すいか
・らっきょう）

岡山平野
（マスカット・もも）

境港（漁港）

宍道湖（しじみ）

広島湾（かき）

小豆島
（オリーブ）

讃岐平野
（ため池・
香川用水）

愛媛（みかん）

宇和海（真珠）

室戸
（漁港）

土佐清水（漁港）

児島湾（干拓）

高知平野
（なす・ピーマン）

地図で確認しよう！

中国・四国地方の
工業

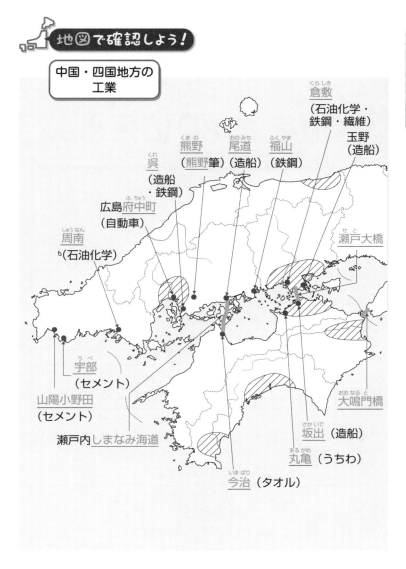

倉敷
（石油化学・
鉄鋼・繊維）

玉野
（造船）

熊野
（熊野筆）

尾道
（造船）

福山
（鉄鋼）

呉
（造船
・鉄鋼）

瀬戸大橋

広島府中町
（自動車）

周南
（石油化学）

宇部
（セメント）

山陽小野田
（セメント）

大鳴門橋

瀬戸内しまなみ海道

坂出（造船）

丸亀（うちわ）

今治（タオル）

佐賀県・福岡県の伝統的工芸品

さあいまから

佐賀県 ➡ 有田焼・伊万里焼・唐津焼

服をはかりに来るよ

福岡県 ➡ 博多織・博多人形・久留米がすり

学習のポイント！

九州地方の農林水産業	農業	シラス台地のさつまいも・茶・たばこ・畜産 宮崎平野のピーマン・きゅうり（促成栽培） 沖縄県・鹿児島県のさとうきび、沖縄の菊 熊本県八代平野のい草、長崎県のびわ
	水産業	長崎県大村湾（リアス海岸）の真珠の養殖 有明海ののりの養殖、枕崎のかつおぶし 東シナ海（大陸だな）のトロール漁業

九州地方の工業	北九州工業地域	官営八幡製鉄所を中心に発展した。 北九州（鉄鋼）、苅田（自動車）、山口県下関（造船）
	その他の工業都市	大分臨海工業地域（鉄鋼・石油化学） 長崎県長崎・佐世保（造船）、福岡県大牟田（化学）、 熊本県水俣（化学）、宮崎県日南（パルプ） 鹿児島県喜入（石油備蓄基地）
	伝統的工芸品	昔から外国文化の玄関口だった。 佐賀（伊万里・有田焼・唐津焼） 福岡（博多人形・久留米がすり） 鹿児島（本場大島つむぎ）、沖縄（琉球びんがた）

地図で確認しよう！

九州地方の自然

対馬
つしま

壱岐
いき

五島列島

大村湾

有明海

雲仙普賢岳
うんぜん ふ げんだけ

熊本平野

八代平野

球磨川
くま

霧島山
きりしま

シラス台地

薩摩半島
さつ ま

鹿児島湾

屋久島
や く

宮之浦岳
みや の うら

与那国島
よ な ぐに

西表島
いり おもて

筑後川
ちく ご

筑紫山地
つく し

筑紫平野
つく し

関門海峡
かん もん かい きょう

国東半島
くに さき

日田盆地
ひ た

阿蘇山
あ そ

九州山地

宮崎平野

日本海流［黒潮］

大淀川

桜島
さくらじま

大隅半島
おおすみ

種子島
たね が

石垣島
いし がき

宮古島
みや こ

奄美大島
あま み

沖縄島

地図で確認しよう！

九州地方の農林水産業

有明海
（干拓・のり）

筑紫平野
（米・い草）

松浦

熊本平野
（い草）

大村湾
（真珠）

八代平野
（い草）

長崎
（じゃがいも
・びわ）

宮崎平野
（ピーマン）

東シナ海

枕崎（かつおぶし）

シラス台地
（さつまいも・茶
・たばこ・肉牛
・ぶた・肉用若鶏）

沖縄
（さとうきび）

地図で確認しよう！

九州地方の工業

福岡（博多織）

久留米
（ゴム・綿織物）

唐津
（陶磁器）

有田・伊万里
（陶磁器）

北九州工業地域

大分
（石油化学・鉄鋼）

津久見（セメント）

大牟田（化学肥料）

佐世保（造船）

長崎（造船）

水俣（化学）
※水俣病が発生

日南
（パルプ）

鹿児島市喜入町
（石油備蓄基地）

奄美大島
（本場大島
つむぎ）

沖縄
（琉球びんがた）

縄文時代の生活

どじょう買いたて

土偶・縄文土器・貝塚・竪穴住居

いわし食いすぎ先土器文化

岩宿遺跡 ➡ 先土器文化

学習のポイント！

打製石器（だせい）	旧石器時代に狩り（か）に使われた。石を砕いただけの石器。
岩宿遺跡（いわじゅくいせき）	相沢忠洋（あいざわただひろ）が発見した群馬県（ぐんま）の旧石器時代の遺跡。
野尻湖遺跡（のじりこ）	長野県の旧石器時代の遺跡。ナウマン象やおおつのじかの化石が発見されている。
磨製石器（ませい）	縄文時代（じょうもん）に狩りや漁に使われた。石を磨いてつくった石器。
土偶（どぐう）	縄文時代、女性をかたどってつくられた土の人形。まよけや豊作などを願ったと考えられる。
竪穴住居（たてあな）	縄文時代以降の、竪穴の上に建てられた住居。
貝塚（かいづか）	縄文時代の人々が食べた貝殻などを捨てた場所の遺跡。土器のかけらも見つかっている。
大森貝塚	エドワード・モースが発見した東京都の貝塚。
三内丸山遺跡（さんないまるやま）	青森県青森市にある、縄文時代の最大級の集落の遺跡。1500年も続いたとされる。
縄文土器	縄文時代の土器。表面に縄目（なわめ）の文様がある。

歴史 2

弥生時代の生活

ヤッホー！吉野君に小包を、
弥生土器　穂首刈り　石包丁　吉野ケ里遺跡

トロい敵には青い稲妻
登呂遺跡　鉄器　青銅器　稲作

学習のポイント！

弥生土器	**弥生時代**の土器。縄文土器よりうすくて固い土器。文様があまりなく実用的である。
石包丁	弥生時代の**稲作**に使われた道具。これを使って稲の**穂先**を摘み取った。
高床倉庫	**弥生時代**の稲などの食料を保存するための倉庫。**ねずみ返し**などの工夫が見られる。
登呂遺跡	**静岡県**にある**弥生時代**の遺跡。水田跡や農具から**稲作**の様子がわかる。
吉野ヶ里遺跡	**佐賀県**にある弥生時代の遺跡。**濠**や**物見やぐら**のあとから、集落間で戦いがおこなわれていたことがわかる。

図で理解しよう！

高床倉庫

（写真：山口範子／アフロ）

物見やぐら

（写真：新海良夫／アフロ）

奴国王と金印

こんな金印
57年　金印

こうて欲しかったなぁ
光**武**帝　志賀島（しかのしま）　奴国（なこく）

学習のポイント！

| 金印
（きんいん） | 西暦**57年**頃に、倭の**奴国王**（わのなのこくおう）が中国（**後漢**）（ごかん）の**光武帝**（こうぶてい）から授かった印綬。**福岡県**志賀島（しかのしま）で発見された。「**漢委奴国王**」（かんのわのなのこくおう）と刻印されている。当時の中国は周辺諸国と**朝貢**（ちょうこう）（貢ぎものを受け取る）貿易をおこなっており、日本からもたびたび使いが送られた。 |

図で理解しよう！

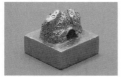

金印「漢委奴国王」
（福岡市博物館所蔵
画像提供：福岡市博物館／DNPartcom）

金印弁・金印弁或問
（福岡市博物館所蔵
画像提供：福岡市博
物館／DNPartcom）

國　委　漢
王　奴

関連事項を学んでおこう！

好太王（こうたいおう）の記念碑（きねんひ）
高句麗（こうくり）
百済（くだら）　新羅（しらぎ）
伽耶（かや）（加羅）（から）
日本
対馬（つしま）

５世紀頃の朝鮮半島

卑弥呼、魏に使いを送る

山際に咲くひめぎくを

邪馬台国　239年　卑弥呼(ひみこ)

呼ぶとギシギシ音がする

ひみこの「こ」は「子」ではなく「呼」　魏志倭人伝

学習のポイント！

邪馬台国	弥生時代、日本（倭）にあった30ほどの国はおたがいに争っていた。 そこで卑弥呼という女王を立てたところ、争いが鎮まったとされる。 卑弥呼が死んだ後、男王を立てたが再び争いが起こったため、壱与（または台与）という女王を擁立して国をまとめた。 邪馬台国の場所としては、九州説と畿内説とがある。
『魏志』倭人伝	三世紀ころの中国の歴史書。「三国志」の一部。 「帯方郡」「邪馬台国」「卑弥呼」「親魏倭王」などの記述が見られる。

この人物を学べ！

卑弥呼	邪馬台国の女王。 まじないやうらないで国を治め、中国（魏）に使いを送り、「親魏倭王」の称号と金印や銅鏡100枚などを授けられた。

倭王武、宋に上表文を送る
余の名は倭王武
478年　倭王武（わおうぶ）
郵送します
雄略天皇　宋に上表文

📝 学習のポイント！

大和朝廷 （やまとちょうてい）	古墳時代の終わり、大和地方の豪族が大王を中心にまとまってつくった政府。 ヤマト（大和）政権・ヤマト（大和）王権ともいう。
稲荷山古墳 （いなりやまこふん）	埼玉県の古墳。 出土した鉄剣に「獲加多支鹵大王（＝雄略天皇）」の文字が刻まれている。
江田船山古墳 （えたふなやまこふん）	熊本県にある古墳。 出土した大刀にやはり「獲加多支鹵大王」の文字が刻まれており、大和朝廷の力が九州にまでおよんでいた証拠とされている。
前方後円墳 （ぜんぽうこうえんふん）	丸形の円墳と四角形の方墳を組み合わせてつくられた古墳。
大仙（大山）古墳 （だいせん）	大阪府堺市にある、仁徳天皇の墓とされる前方後円墳。2019年、世界遺産に登録。
は　に　わ	古墳から出土する素焼きの土器。
渡来人 （とらいじん）	中国や朝鮮半島から渡ってきて、大陸の進んだ文化を伝えた人々。

歴史 6

中国の歴史書

かんちがいして豪華な豆腐を
漢書地理志　後漢書東夷伝

ぎっしり茶碗によそうじょ
魏志倭人伝　宋書倭国伝

📝 学習のポイント！

『漢書』地理志	紀元前1世紀ころの中国の歴史書。「楽浪郡」「倭」「百余国」などの記述が見られる。
『後漢書』東夷伝	1世紀ころの中国の歴史書。「倭の奴国」「倭の国王帥升」「光武帝」「金印」などの記述が見られる。
『魏志』倭人伝	3世紀ころの「三国志」と呼ばれる中国の歴史書の一部。
『宋書』倭国伝	5世紀ころの中国の歴史書。「讃・珍・済・興・武」の倭の五王の記述がある。

📚 関連事項を学んでおこう！

高句麗好太王碑	「百済」「新羅」「倭」などの記述があり、391年に倭が朝鮮半島に進出したことがうかがえる。

蘇我馬子と物部守屋の対立

仏教は 蘇我（そうか）OK
蘇我馬子は仏教の受け入れを推奨した

守屋（こりゃ）ダメだ！
物部守屋がそれに反対した

学習のポイント！

仏教伝来	538年、欽明天皇の時代に**百済**の**聖明王**からの使者が**仏像**や**経典**をもたらし、仏教が伝来したとされる。 一方、『**日本書紀**』には、聖明王からの使者は**552年**に日本にやってきたとある。

この人物を学べ！

物部守屋	**飛鳥時代**の有力豪族。 大王（天皇）を補佐して軍事を司る**大連**という役職についていた。 仏教の受け入れに関しては強硬に**反対**し、蘇我氏と激しく対立した。
蘇我稲目	**飛鳥時代**の有力豪族。 大臣という要職にあった。 **仏教賛成派**で物部氏と対立した。
蘇我馬子	蘇我稲目の子。 **聖徳太子**（厩戸皇子）とともに物部氏をほろぼした。 その後、**推古**天皇を擁立し、政治の実権を握った。

聖徳太子の政治

群れて見つめる十二階
603年 冠位十二階の制

群れし人民十七人
604年 十七条憲法

学習のポイント！

冠位十二階 （かん　い　じゅう　に　かい）	603年に定められた、家柄ではなく能力によって役人を選ぶための制度。 冠の色や種類で地位を示した。 地位は「徳・仁・礼・信・義・智」を大小に分けて表した。
憲法十七条 （けん　ぽう　じゅう　しち　じょう）	604年につくられた17条からなる条文のこと。 役人の心構えや仏教や儒教を大切にすることなどが書かれている。

この人物を学べ！

聖徳太子 （厩戸皇子）	蘇我馬子とともに物部氏をほろぼした。 593年に推古天皇の摂政となり、天皇を中心とした政治改革を進めた。 603年には冠位十二階を制定し、604年には憲法十七条をつくったとされる。
推古天皇	飛鳥時代の女性天皇。 蘇我馬子の姪にあたる。甥の聖徳太子の助けを得た。

遣隋使の派遣

群れなして

607年

行くよ、おのおの隋の国

煬帝（ようだい＝隋の皇帝）　小野妹子　遣隋使

学習のポイント！

遣隋使	聖徳太子（厩戸皇子）が、隋につかわして、対等な外交関係を求めようとした使節。 第一回目に「日出ずるところの天子、書を日没するところの天子にいたす」という国書を持っていき、隋の煬帝を激怒させた。

この人物を学べ！

小野妹子	飛鳥時代の政治家。遣隋使として国書を携え隋に渡り、隋からの使者の裴世清を伴って帰国した。

関連事項を学んでおこう！

飛鳥文化	聖徳太子の時代の、日本で初めての仏教文化。 中国・朝鮮に加え、インド・ペルシアなどの影響を受けている。
法隆寺	607年に聖徳太子が、現在の奈良県斑鳩町に建立した。現存する世界最古の木造建築。
エンタシス	飛鳥文化の建造物に見られる、中央部がふくらんだ柱。

歴史 10

遣唐使の派遣

無残を覚悟で
630年
犬が見た唐

犬上御田鍬（いぬかみのみたすき）　遣唐使

学習のポイント！

遣唐使	飛鳥〜平安時代、唐の進んだ文化や政治制度を学ぶために僧侶や留学生が送られた。 894年に菅原道真の進言により停止されるまで続いた。

この人物を学べ！

高向玄理 （たかむこのくろまろ／げんり）	遣隋使として小野妹子に同行した留学生。 大化の改新などで活躍したのち、再び遣唐使として唐に渡り、そこで生涯を終えた。
犬上御田鍬 （いぬかみのみたすき）	飛鳥時代の外交官。最後の遣隋使および最初の遣唐使の大使を務めた。

記述のポイントはコレだ！

問	遣唐使は最初朝鮮半島を経由するルートを使用していたが、後に五島列島から東シナ海を渡る危険なルートに変更された。その理由は何か？
答	663年に起こった白村江の戦いにより、朝鮮に位置する新羅との関係が悪化したため。

大化の改新

なかなかコンビ

中大兄皇子　中臣鎌足

エイと蘇我氏を蒸し殺す

蝦夷（えみし）　入鹿　蘇我氏　645年

学習のポイント！

大化の改新	645年に中大兄皇子と中臣鎌足が蘇我蝦夷・入鹿を攻めほろぼして新しい政治を行った。公地公民や班田収授の法といった政治方針（改新の詔）を示した。

この人物を学べ！

蘇我蝦夷	蘇我馬子の子で蘇我入鹿の父。聖徳太子の没後、勢力を強めた豪族。中大兄皇子と中臣鎌足によってほろぼされた。
蘇我入鹿	蘇我蝦夷の子。遣隋使として派遣された僧の旻に学ぶ。父とともに中大兄皇子らにほろぼされた。
中大兄皇子	中臣鎌足と協力して蘇我氏をほろぼして、大化の改新を行った。その後、天智天皇として即位した。
中臣鎌足	中大兄皇子と協力して蘇我氏をほろぼした。藤原氏の始祖。

歴史 12

白村江の戦い

無論さなかなかいい男
663年　中大兄皇子

白旗振って大津波
白村江（はくそんこう・はくすきのえ）　大津宮遷都

✎ 学習のポイント！

白村江の戦い（はくそんこう・はくすきのえ）	**中大兄皇子**が、**新羅**に滅ぼされた**百済**を救うために**唐・新羅**の**連合軍**と戦った。これに敗れ、百済を救えず、朝鮮半島での足場を失った。
天智天皇	**白村江の戦い**に敗れた**中大兄皇子**は都を**大津**に移し、天智天皇として即位した。 その後、**庚午年籍**（**戸籍**）などをつくった。

📝 入試「これだけは！」

公地公民	これまで豪族がもっていた土地や人民は国家のものとするという考え方。
班田収授の法	**戸籍**を作り、人々に一定の田（**口分田**）を与える制度。 飛鳥時代後期から平安時代にかけて行われた。 日本の**律令制**の根幹となった制度。
口分田	**律令制**の下、農民に与えられた土地。 <u>6歳以上の男子</u>には2段（約24アール）、女子にはその**3分の2**が与えられた。

壬申の乱

無難に勝ったよ

672年

大海人（だいかいじん）

大海人皇子（おおあまのおうじ）　壬申の乱

📝 学習のポイント！

壬申の乱	天智天皇の死後、その後継者をめぐって争われた戦い。大海人皇子が大友皇子に勝利し、天武天皇として即位した。

👤 この人物を学べ！

大海人皇子	天智天皇の弟。壬申の乱に勝利し天武天皇として即位した。皇后はのちの持統天皇。
大友皇子	天智天皇の子。壬申の乱に敗れ、ほろんだ。

📚 関連事項を学んでおこう！

白鳳文化	天武・持統両天皇のころに栄えた仏教文化。
高松塚古墳壁画	奈良県明日香村で発見された高松塚古墳（円墳）内にある人物や神々を描いた色鮮やかな壁画。
法隆寺金堂壁画	白鳳期に法隆寺金堂の壁面に描かれた仏教絵画。1949年に火事で焼失し、現在は写しとなっている。

大宝律令の制定

ナウい人だぜ

701年　藤原不比等

おっさんも！

刑部（おさかべ）親王　文武（もんむ）天皇

学習のポイント！

大宝律令	文武天皇の時代、刑部親王・藤原不比等らによってつくられた、日本で初めての法律。
租	奈良時代の税。収穫の約3%の稲を地方の役所におさめた。
庸	奈良時代の税。布を中央政府におさめた。
調	奈良時代の税。地方の特産物かまたは布を中央政府におさめた。
雑徭	奈良時代の労役。国司のもとで1年に60日以内の強制労働が課せられた。
防人	3年間九州北岸の守りについた。

この人物を学べ！

藤原不比等	中臣（藤原）鎌足の息子。大宝律令の編纂にあたった。息子の藤原四兄弟のはたらきで、娘の光明子は聖武天皇の后（光明皇后）となった。
文武天皇	祖母である持統天皇のあとを継ぎ天皇となった。この天皇のとき、大宝律令が完成した。

平城京への遷都

何と元気な

710年　南都（奈良）　元明天皇

平城京

平城京遷都

学習のポイント！

藤原京	持統天皇が694年に、移した都。 現在の奈良県橿原市にあった。 日本で初めて造られた本格的な都で、中国（唐）の都を手本にしている。
平城京	元明天皇が710年に、都を移した場所で現在の奈良市と大和郡山市にあたる。 唐の都であった長安をモデルにしている。 平城京内の主な寺院には大安寺・薬師寺・興福寺・東大寺などがある。
和同開珎	708年、秩父（埼玉県）で銅が発見されたことを記念してつくられた貨幣。

この人物を学べ！

持統天皇	第41代の天皇。女帝。 天智天皇の皇女で天武天皇の皇后。 天武天皇が亡くなった後即位し、都を藤原京に移した。
元明天皇	第43代の天皇。女帝。天智天皇の皇女。 平城京を完成させた。

歴史
16

三世一身の法・墾田永年私財法

なにさ三世一身って！

723年　三世一身の法制定

こんでええねん無し三世

墾田永年私財法制定（三世一身の法廃止）　743年

✎ 学習のポイント！

三世一身の法	新たに耕地を開発したものは３代、荒れた土地を修復したものは１代に限って、土地の**私有**を認める、という法律。 **723年**に出された。
墾田永年私財法	耕地を開発したものには、永遠に土地の私有を認める、という法律（**743年**）。 これにより**荘園**が増加していった。
荘　　園	貴族や寺社が農民を使って土地を開墾して、増やしていった**私有地**。

この人物を学べ！

聖武天皇	奈良時代中期に即位した天皇。 **長屋王の変**や**藤原広嗣の乱**など政変が多発し、**天然痘**が流行するなど世の中が乱れたため、仏教の力で世を鎮めようとした。 **741年**には**国分寺・国分尼寺建立の詔**を、**743年**には**東大寺大仏造立の詔**と墾田永年私財法を出した。

国分寺建立の詔・東大寺大仏造立の詔

国分寺には梨一つ
国分寺建立の詔　741年

なじみの大仏紹介す
743年　東大寺大仏造立の詔　聖武天皇

📝 学習のポイント！

国分寺	聖武天皇が政変や天災などで荒れていた国家を仏教の力で鎮めようとして、国ごとにつくらせた寺。尼寺（女性のお坊さんのいるお寺）を国分尼寺という。
東大寺	聖武天皇が国分寺の総本山として造らせた寺。大仏殿には高さ約15mの盧舎那仏（大仏）が設置されている。また、鎌倉時代に復興された南大門には仏師運慶・快慶らによって彫られた金剛力士像が設置された。

👷 この人物を学べ！

行基	奈良時代の僧で、聖武天皇に命じられて大仏づくりに協力した。また、橋やため池をつくるなど公共事業にも力をつくした。
鑑真	唐の高僧で5度も渡航に失敗して失明するが、6度目にようやく来日した。唐招提寺を開いて日本の仏教の発展に力をつくした。

歴史 18

奈良時代の書物

ひえ～王の子

稗田阿礼(ひえだのあれ)　太安万侶(おおのやすまろ)　古事記

日本の隣でフードをかぶり満足げ

日本書紀　舎人(とねり)親王　風土記　万葉集

学習のポイント!

古事記	稗田阿礼が覚えていた歴史を、太安万侶が記述した日本最古の歴史書。 神代から推古天皇までの出来事(神話・伝説などもふくむ)が記されている。
日本書紀	舎人親王が中心となって編集した歴史書。 「紀」の字に注意。
風土記	全国の名産物や伝説などを記録させた地理書。
万葉集	日本最古の歌集。 山上憶良の「貧窮問答歌」や大伴家持らの歌人の和歌をはじめ、天皇や貴族、「防人の歌」などの農民の歌も収録されている。

関連事項を学んでおこう!

天平文化	聖武天皇の時代に栄えた、仏教を中心とした文化。
唐招提寺	鑑真が開いた寺。天平文化のおもかげを今に伝える貴重な建築が残っている。
正倉院	東大寺内にある聖武天皇の遺品をおさめた建物。 風通しのよい校倉造になっている。

平安京遷都

泣くよ感**動**
794年　桓武天皇

平安京
平安京

📝学習のポイント！

長岡京	**桓武天皇**が平城京から移した都。 仏教勢力の排除を目的としていた。しかし建設責任者の**藤原種継**が暗殺されるなど政情不安が起こり、桓武天皇は長岡京の建設を断念した。
平安京	桓武天皇が長岡京から移した都。 唐の**長安**を参考にして造営された。
蝦夷	朝廷の支配に従わない東北地方の人々。 朝廷は<u>坂上田村麻呂</u>を派遣して、蝦夷を平定した。

この人物を学べ！

<u>桓武天皇</u>	都を奈良から京都に移した天皇。 自ら政治の改革を行い、また仏教の刷新も進めた。
坂上田村麻呂	平安時代、<u>征夷大将軍</u>に任じられ蝦夷を平定した人物。 京都の**清水寺**をつくったとされる。
道鏡	奈良時代後期、天皇に近づき政治をわがものにしようとしたとされる僧。

平安仏教

僕が死んだら
真言宗
高野豆腐食うかい？

高野山金剛峰（峯）寺　空海

学習のポイント！

天台宗	**最澄**が唐から帰国したのちに開いた仏教の一宗派。 **比叡山延暦寺**を総本山とする。 岩手県平泉の**中尊寺**や**毛越寺**、佐野厄除け大師などは天台宗系の寺院。
真言宗	**空海**が唐から帰国したのちに開いた仏教の一宗派。 **高野山金剛峰（峯）寺**および**東寺**を総本山とする。 川崎大師などは真言宗系の寺院。

この人物を学べ！

最　澄	**遣唐使**として唐に渡り、**天台宗**を学ぶ。 帰国後、**比叡山**に**延暦寺**を建て、天台宗を開いた。 **伝教大師**ともいう。
空　海	**遣唐使**として最澄とともに唐に渡り、**真言密教**を学ぶ。帰国後、**高野山**に金剛峰（峯）寺を建て、真言宗を開いた。 「弘法も筆の誤り」で有名な**弘法大師**とは空海のことである。

藤原氏の進出

よし！　摂政になるぞ！

藤原良房　皇族以外で初の摂政となる

もっとつねって！　関白様！

藤原基経　皇族以外で初の関白となる

学習のポイント！

摂政	天皇が**女性や子供**のときに、代わりに政治を行う役職。
関白	天皇が大人になってからも、代わりに政治を行う役職。

この人物を学べ！

藤原冬嗣	**藤原良房**の父。平城太上天皇と嵯峨天皇が対立した**薬子の変**で嵯峨天皇の信任を得た。
藤原良房	藤原冬嗣の子で、**臣下**（天皇の家来）として**初めて**摂政になった人物。
藤原基経	藤原良房の養子で、**臣下**として**初めて**関白になった人物。

関連事項を学んでおこう！

不輸の権	荘園が税を納めなくてもよいとする権利。
不入の権	荘園への役人の立ち入りを拒否できる権利。
寄進地系荘園	地方の豪族が自分の土地を守るため、都の有力な貴族や寺社に寄進した荘園。

遣唐使の停止

白紙に戻すよ
894年 菅原道真

遣唐使
遣唐使

この人物を学べ！

阿倍仲麻呂	**遣唐使**に同行した留学生で、唐の皇帝に仕えて高官になり、唐で一生を終えた。
菅原道真	遣唐使を停止させた政治家。藤原時平によって**大宰府**の役人に左遷された。
藤原時平	藤原基経の子で菅原道真を失脚させ、大宰府に左遷した人物。

関連事項を学んでおこう！

国風文化	平安時代の中期から後期にかけて日本の風土や生活に合わせて発展した文化。
源氏物語	紫式部が書いた長編小説。
枕草子	清少納言が書いた随筆。
土佐日記	紀貫之が書いた紀行文。紀貫之は男性だが、女性のふりをして**かな**文字で執筆。
寝殿造	平安貴族の屋敷にみられる華やかな建築様式。
平等院鳳凰堂	藤原頼通が宇治に建てた**阿弥陀堂**。
中尊寺金色堂	奥州藤原氏が**平泉**に建てた**阿弥陀堂**。

平将門の乱・藤原純友の乱

まさか関東で久美子が？
平将門　関東地方　935年

瀬戸のすみっこくさくなる
瀬戸内海　藤原純友　939年

学習のポイント！

平将門の乱	<u>935年</u>、平将門が**関東地方**で起こした反乱。平貞盛らによって鎮圧された。
藤原純友の乱	**瀬戸内海**で海賊鎮圧の任にあたっていた藤原純友が、西国各地で起こした反乱。

● この「平将門の乱」と「藤原純友の乱」を合わせて、「承平・天慶の乱」という。

この人物を学べ！

平将門	関東地方に勢力を持っていた武士。乱を起こし、国司をおそい関東地方を支配して**新皇**と名乗った。
藤原純友	伊予の役人で、海賊と手を組み**大宰府**を襲撃した。

関連事項を学んでおこう！

桓武平氏	桓武天皇の曾孫である高望王が平氏の姓を受けて平高望を名乗った。これにより平氏は桓武天皇の子孫とされる。

藤原道長・頼通　摂関政治全盛期

道は長いぞ十人十色

藤原道長　1016年（摂政となる）

人を来させる平等院

1053年　平等院鳳凰堂

🖊 学習のポイント!

摂関政治	藤原氏が天皇との結びつきを強め、**摂政・関白**となることで政治の実権を握る政治のこと。

この人物を学べ!

藤原道長	摂政・太政大臣となり、摂関政治の全盛期を築いた。「**御堂関白**」とも呼ばれるが、関白にはなっていない。
	この世をば我が世とぞ思う望月の 欠けたることもなしと思えば
藤原頼通	道長の子で、道長とともに摂関政治の全盛期を築いた。**平等院鳳凰堂**を建てる。

記述のポイントはコレだ!

問	藤原道長はどのようにして天皇との結びつきを強め、政治の実権を握ったか？
答	自分の娘を次々と天皇の后とし、天皇の**外戚**（義理の父）として実権を握った。

前九年の役・後三年の役

なんと強引、前九年

1051年　前九年の役

人を闇討ち、後三年

1083年　後三年の役

📝学習のポイント！

前九年の役	朝廷が源氏を使い、蝦夷出身の豪族である**安倍氏**をほろぼした戦い。 源頼義・義家親子が活躍した。この戦いで戦功のあった清原氏は、東北地方で実権を握った。
後三年の役	朝廷が源氏を使い、蝦夷出身の豪族で前九年の役で戦功のあった**清原氏**をほろぼした戦い。 源義家が活躍した。

この人物を学べ！

源　義家	前九年の役や後三年の役で活躍した武士。 協力した武士たちに自らほうびをあたえ、関東地方に源氏勢力のもとを築いた。

関連事項を学んでおこう！

清和源氏	清和天皇の孫である経基王が源氏の姓を受けて、源　経基を名乗った。これにより源氏は清和天皇の子孫とされる。 ほかにも村上源氏などがある。

白河上皇・院政

白河院政

白河上皇　院政を開始

どおやろう？

1086年

📝 学習のポイント！

院政 (いんせい)	天皇が位をゆずって上皇となった後で、実権を握り政治をとりしきった。 上皇の御所である院で政治を行ったため、院政と呼ばれた。

この人物を学べ！

白河上皇 (しらかわじょうこう)	幼い息子に天皇の位をゆずり、上皇として自ら政治を行った最初の人物。
後白河上皇 (ごしらかわじょうこう)	鳥羽天皇の子。兄の崇徳上皇と対立したことにより、1156年に保元の乱が起こった。

関連事項を学んでおこう！

熊野古道 (くまのこどう)	院政期、上皇や貴族は熊野三山（和歌山県）へよく参拝に行った。この時に使われた道が熊野古道と呼ばれる。 一部が「紀伊山地の霊場と参詣道」として世界遺産に登録されている。

保元の乱・平治の乱

いいころ保元（ほうげん）
1156年　保元の乱

ごっくん平治（へいじ）
1159年　平治の乱

学習のポイント！

保元の乱	平安時代後期の1156年、天皇家・藤原氏・源氏・平氏がそれぞれ2つに分かれて起こした乱。 後白河天皇・平清盛・源義朝陣営が勝利した。
平治の乱	**保元の乱で勝利した平清盛と源義朝が1159年に激突**した乱。 平清盛が勝利して実権を握った。

この人物を学べ！

平　清盛	**保元・平治の乱で勝利した武士。** **武士として初めて太政大臣**となり、一族で高位や高官を独占した。 娘の**徳子**を高倉天皇に嫁がせ、自分は**外戚**として実権を握った。
源　義朝	**源頼朝**の父。**保元の乱で勝利した武士。平治の乱**で敗れほろんだ。 子の源頼朝は流されていた伊豆で、北条氏の助けを得て平氏打倒の兵をおこした。

平清盛・太政大臣となる

いい胸板の清盛さん

1167年　平清盛

日をいつくしむ大輪田君

日宋貿易　厳島神社　大輪田泊（おおわだのとまり）

学習のポイント！

大輪田泊	平清盛が私財を投じて整備した神戸の港。日宋貿易の中心となった。
日宋貿易	平清盛が大輪田泊（現神戸港）を整備し、中国（宋）と盛んに行った私貿易。
厳島神社	古くから信仰された瀬戸内海の宮島の神社を平清盛が大改修して、平家一門の氏神とした。世界遺産に登録されている。
音戸の瀬戸	広島県呉市にある海峡で、平清盛が日宋貿易の航路整備のため開削したといわれる。

暗記のポイントはコレだ！

平安時代は大きく４つの時代区分に分かれる
入試にもよく出るのでしっかり覚えよう！

 桓武天皇 ⇒ 藤原氏の摂関政治 ⇒ 上皇の院政 ⇒ 平清盛

関　　　　　　節　　　　　の　　　　　状　　　　　態

壇ノ浦の戦い

いいやこれまで

1185年

壇ノ浦

壇ノ浦の戦い

学習のポイント！

壇ノ浦の戦い	山口県壇ノ浦で起こった、源平最後の合戦。源義経らの活躍により、平氏は滅亡した。

この人物を学べ！

源　頼朝	父である源義朝が平治の乱で平清盛に敗れると、伊豆に流された。その後、以仁王の令旨を受けて北条氏らとともに挙兵。平氏を滅亡させて鎌倉幕府を開いた。
源　義経	頼朝の弟で、壇ノ浦の戦いで平氏を滅亡させた武将。その後、頼朝に追放され、奥州藤原氏のもとにのがれた。しかし頼朝の命令を受けた藤原泰衡によって攻められ自害した。

関連事項を学んでおこう！

奥州藤原氏	11世紀から12世紀にかけて平泉を中心に東北地方で勢力を誇った豪族。藤原清衡・基衡・秀衡・泰衡の四代続いた。

源頼朝　征夷大将軍となる

誠意を持っていい国つくる

征夷大将軍　1192年

皆も寄り添う友達よ

源頼朝

学習のポイント！

執権	鎌倉幕府におかれた、将軍を助ける役職。 北条氏によって独占され、やがて鎌倉幕府の実権を握るようになる。
政所	執権の下で、**政治**一般をとりしきる役所。
問注所	執権の下で、**裁判**をとりしきる役所。
侍所	執権の下で、御家人の取り締まりや**軍事**を司る役所。
守護	源頼朝が、平家の残党や義経をとらえる名目で**国ごと**においた役人。
地頭	荘園や公領におかれた役人。直接土地や農民を管理し、**年貢の取り立て**などを行った。
御家人	鎌倉時代における**征夷大将軍**の家臣である武士を指すことば。 江戸時代の御家人とは意味がちがうので注意。
御恩	御家人が、将軍から土地や役職を与えられること。
奉公	御家人が、将軍のために命がけで戦うこと。
封建制度	将軍と御家人の間の、土地を仲立ちとした**御恩と奉公**の関係で結ばれた主従関係。

鎌倉仏教

情報知らん日蓮さん、

浄土宗(法然)　浄土真宗(親鸞)　日蓮宗(日蓮)

1時にエリの大騒動

時宗(一遍)　臨済宗(栄西)　曹洞宗(道元)

🔖 学習のポイント！

浄土宗	「南無阿弥陀仏」と念仏を唱えれば、死後極楽浄土に行くことができると説く仏教。
浄土真宗	悪人こそ救われると説いた仏教。
時宗	踊念仏によって一般庶民に広まった。
日蓮宗	「南無妙法蓮華経」と題目を唱えた。法華宗ともいう。
臨済宗	宋から伝わった禅宗で座禅による悟りを重んじた。上級武士の間に広まった。
曹洞宗	地方の武士に広まった禅宗。

この人物を学べ！

法然	比叡山で学び、後に浄土宗を開いた。源空ともいう。
親鸞	法然の弟子で浄土真宗を開く。教行信証などを著す。
一遍	時宗を開き、踊念仏を広めた。
日蓮	日蓮宗を開き、立正安国論を著した。
栄西	臨済宗を開いた。茶の栽培法や喫茶の習慣を始めた。
道元	曹洞宗を開き、永平寺を建てた。

承久の乱

後鳥羽さん

1221年　承久の乱

人に不意打ち、まさによし

後鳥羽上皇　VS.　北条政子・義時

📝 学習のポイント！

承久の乱	**後鳥羽上皇**が朝廷に政治の実権を取りもどすため、当時の執権である**北条義時**を討つために起こした乱。
いざ鎌倉	御家人が、将軍のいる鎌倉に何かあったときには、鎌倉街道を通って集まり、戦うこと。

⛩ この人物を学べ！

源　頼家	頼朝の子で、鎌倉幕府2代将軍。
源　実朝	頼朝の子で、鎌倉幕府3代将軍。甥（頼家の子）の公暁に、鶴岡八幡宮で暗殺された。
後鳥羽上皇	朝廷に実権を取りもどそうと承久の乱を起こしたが敗れ、隠岐に配流された。
北条義時	鎌倉幕府2代執権。承久の乱後に朝廷を監視するための六波羅探題を設置した。
北条政子	源頼朝の妻で、承久の乱の際に演説を行い、御家人たちを奮い立たせた。

御成敗式目

ひと踏みに
1232年
成敗するじょと泰時君

御成敗式目（貞永式目）　北条泰時

学習のポイント！

六波羅探題	承久の乱のあと、**朝廷を監視**するために京都におかれた役所。
御成敗式目	**北条泰時**が定めた武士のための初めての法律。土地をめぐる**裁判の判断**などが示されている。

この人物を学べ！

北条泰時	北条義時の子で、鎌倉幕府**3代執権**。承久の乱では総大将となり**後鳥羽上皇**の軍を破った。**1232年**に御成敗式目（貞永式目）を定めた。

入試「これだけは！」

二 毛 作	鎌倉時代に西日本で始まった、1年に同じ土地で2種類の作物（**米**と**麦**など）を栽培する農業。室町時代には東日本にも広まった。
定 期 市	月に数回、日を決めて開かれた市。鎌倉時代には、月に<u>3</u>回開かれた。

元寇（文永の役・弘安の役）

一人船酔い文永の役
1274年　文永の役

時々あんこが胃に入る
1281年　弘安の役　北条時宗

📝 学習のポイント！

元	モンゴル帝国が中国をしたがえて、新たに定めた国名。
文永の役	1274年に元軍が北九州を攻めた戦い。 竹崎季長をはじめとする御家人の奮戦によって元軍は撃退された。
弘安の役	文永の役のあと、1281年に再び元軍が襲来した戦い。 石塁の効果や暴風（神風）の影響により元軍は撃退された。
石塁	文永の役のあと、元軍の再襲来に備えて、**九州北岸**に築かれた石垣。

🪖 この人物を学べ！

チンギス = ハン	モンゴル帝国の初代皇帝で、周辺国を次々と征服した。
フビライ = ハン	チンギス = ハンの孫で、モンゴル帝国5代皇帝。国の名前を元とあらため、朝鮮半島も支配下においた。
北条時宗	鎌倉幕府の**8代執権**で、元寇を退けた。

永仁の徳政令

皮肉な徳政

1297年 永仁の徳政令

借金帳消し

御家人の借金を帳消しにした

✐ 学習のポイント！

永仁の 徳政令	元寇での戦費は御家人の自己負担であったが、新しい土地が手に入らなかったため充分な恩賞が得られず、御家人たちは疲弊していった。 そこで御家人たちを救済するために幕府は、御家人の借金を帳消しにするという法令を出した。これを永仁の徳政令という。

👤 この人物を学べ！

竹崎季長	鎌倉時代の**九州地方**の**御家人**。 元寇での活躍が「蒙古襲来絵詞」に描かれている。

記述のポイントはコレだ！

問	元寇のあと、鎌倉幕府の力がおとろえていったのはなぜか？
答	新たな土地が得られず、御家人たちに恩賞である土地を十分与えることができなかったため。

鎌倉幕府滅亡

新田に攻められ

鎌倉に新田義貞が攻め込む

一味散々

1333年　鎌倉幕府滅亡

学習のポイント！

建武の新政	幕府を倒した後醍醐天皇が始めた、天皇や貴族を中心とした政治。 1334年からスタートしたが、武士の反発を受け、約2年で失敗に終わった。

この人物を学べ！

後醍醐天皇	正中の変・元弘の変と倒幕を試みるが2度とも失敗に終わり隠岐に配流された。 その後、隠岐から脱出して楠木正成・新田義貞・足利高氏（尊氏）らの協力を得て鎌倉幕府を倒し、建武の新政を行った。 建武の新政の失敗後、吉野（奈良県）にのがれて南朝をたてた。
楠木正成	河内の武士で「悪党」と呼ばれていた。 後醍醐天皇に協力し、鎌倉幕府を倒した。
新田義貞	鎌倉時代の有力な御家人で、後醍醐天皇に協力して鎌倉を攻め、北条氏を滅亡させた。

室町幕府成立

せいたかのっぽ

征夷大将軍　足利尊氏

遺産見破り

1338年

この人物を学べ！

足利尊氏	足利高氏。**後醍醐天皇**に協力して京都に攻め込み、**六波羅探題**を滅ぼした。この時、後醍醐天皇から「尊氏」の名を贈られる。 建武の新政では貴族重視の後醍醐天皇と対立し、天皇を追放、光明天皇をたてて北朝を開く。 その後、**征夷大将軍**に任ぜられ室町幕府をスタートさせた。

入試「これだけは！」

管領	室町幕府において、将軍を補佐する役職。 **細川氏・斯波氏・畠山氏の三管領**が交代でつとめた。
守護大名	室町時代、地方の守護が成長して守護大名となった。 有力な者は管領や侍所の**長官**となり政治を行った。 応仁の乱ののちに戦国大名になった者もいる。
侍所	室町時代の軍事・警察を司る役所。 長官は赤松氏・一色氏・京極氏・**山名氏**が交代でつとめた（これを**四職**という）。

南北朝の合一

南北合わせて
南北朝の合一

いざ国よし！

1392年　足利義満

📎 学習のポイント！

北　　朝	足利尊氏が後醍醐天皇を追放し、**光明天皇**をたてて、京都に成立させた朝廷。 吉野にたてられた南朝に対してこう呼ばれた。
南　　朝	後醍醐天皇が建武の新政後、吉野（奈良県）にのがれてたてた朝廷。

🗿 この人物を学べ！

足利義満	1368年に満10歳で室町幕府**3代将軍**に就任。 **南北朝**を合一し、鹿苑寺金閣を建て、日明貿易を開始した。 また、京都室町に「花の御所」と呼ばれる館をつくり、そこで政治を行った。

📝 入試「これだけは！」

日明貿易	当時、朝鮮半島や中国大陸沿岸で暴れていた**倭寇**と貿易船を区別するため、**勘合**という合札を用いていた。これにより日明貿易は**勘合貿易**とも呼ばれた。

正長の土一揆

一緒にやろうよ！

1428年

馬借しよう！

馬借　正長の土一揆

学習のポイント！

正長の土一揆	1428年に起こった、日本で初とされる農民蜂起。馬借（運送業者）と農民らが徳政令の発布を求めた。以後、一揆が頻発するようになる。

関連事項を学んでおこう！

惣村	鎌倉末期につくられるようになった、自治をおこなう村。室町時代に入り畿内を中心にたくさんつくられた。
惣掟（村掟）	**惣村**において、山野や用水などを共同利用するためにつくられた規約。違反者は厳罰に処せられた。
寄合	**惣村**の重要な事項について話し合う会議。**乙名・沙汰人**などと呼ばれる指導者によってとりしきられた。
一揆	もともとは村人が一致団結することを指したが、やがて自分たちの要求を認めさせるために権力に立ち向かうことを指すようになった。
徳政令	朝廷や幕府が土倉などに対し、**借金帳消し**を命じる法令。

歴史 40

応仁の乱

人の世むなしい応仁の乱

1467年　応仁の乱

よし！まさに今、下剋上

足利義政　下剋上の風潮広まる

📎 学習のポイント！

応仁の乱	足利義政の跡継ぎ争いから京都で起こった政権争い。東軍は管領・細川勝元を総大将に、西軍は侍所長官の山名持豊（宗全）を総大将に、約11年間続いた。動員された兵力は約30万人といわれ、日本の歴史上最大の内乱のひとつである。
下剋上	身分が下の者が上の者を、実力でたおしてその地位をうばうこと。

この人物を学べ！

足利義政	室町幕府8代将軍。義政の時代に守護大名の力がさらに強まり、また義政の跡継ぎ争いから応仁の乱が起こった。慈照寺銀閣を建てた。

記述のポイントはコレだ！

問 応仁の乱以降京都の文化が地方に広まったのはなぜか？

答 京都が焼け野原となり、京都に住む貴族や僧が地方へのがれたから。

山城の国一揆

石を運ぼう山城に

1485年　山城の国一揆

畑を8年耕そう

畠山氏を追放して8年間の自治を行う

🖊 学習のポイント！

山城の国一揆	山城国（京都）で、国人と呼ばれる土地の侍（武士）と農民が起こした武力蜂起。 守護大名の畠山政長・義就を追放し、その後8年間の自治を行った。

入試「これだけは！」

馬借	鎌倉時代や室町時代に活躍した、馬を利用して荷物を運搬する運送業者。 牛や馬に荷車を引かせる運送業者を車借という。
問屋	室町時代に廻船を利用して運送などを行った商人のこと。 鎌倉時代には問丸といった。
土倉	鎌倉時代・室町時代の金融業者。現在でいうところの質屋に当たる。
座	鎌倉時代から戦国時代までの、商人たちがつくった同業者組合。

加賀の一向一揆

医者や科学者、

1488年　加賀の一向一揆

富樫を100年追放だ

富樫氏を追放し100年間の自治

学習のポイント！

加賀の一向一揆	加賀国（石川県）で一向宗（浄土真宗）の信者たちが団結して起こした一揆。 守護大名の富樫氏をほろぼして、**100年間にわたる自治**を行った。

この人物を学べ！

蓮如	室町時代の**浄土真宗**の僧侶。本願寺第八世を継ぎ、近畿・北陸などで布教活動を行った。 親鸞の教えを「御文」とよばれる文書でわかりやすく説いた。

関連事項を学んでおこう！

下剋上	身分が下の者が上の者を、実力でたおしてその地位をうばうこと。
石山本願寺	現在の**大阪市**にあった、一向一揆の中心とされた**浄土真宗**の寺。 各地の一向一揆に悩まされた**織田信長**によって攻撃された。

鉄砲の伝来・キリスト教の伝来

鉄砲で以後予算出たっぽい

鉄砲伝来　1543年　種子島　ポルトガル

以後よくスタートキリスト教

1549年　スペイン人宣教師　キリスト教

📝 学習のポイント！

鉄砲伝来	1543年。種子島に漂着したポルトガル人によって日本に伝えられた。火縄銃。
キリスト教伝来	1549年。イエズス会（耶蘇会）のスペイン人宣教師・フランシスコ＝ザビエルによって日本に伝えられた。
南蛮貿易	スペイン人やポルトガル人との交易のこと。ヨーロッパ船が、当時、南蛮と呼ばれたインドシナ方面からやってきたことからこの名がついたとされる。鉄砲・火薬・生糸などが輸入され、銀・硫黄・刀剣などが輸出された。カボチャやジャガイモ・タバコ・メガネ・地球儀なども南蛮貿易によってもたらされた。

この人物を学べ！

フランシスコ＝ザビエル	スペイン人の宣教師。鹿児島に上陸し、国内をめぐってキリスト教を布教した。この後、国内のキリシタンが急速に増えた。

桶狭間の戦い

行こう！群れる織田が

1560年　織田信長

「よしOK！」

今川義元を倒す　桶狭間の戦い

学習のポイント！

桶狭間の戦い	尾張の戦国大名だった織田信長が駿河の大名の今川義元を討ちとった戦い。織田信長台頭のきっかけとなった。

この人物を学べ！

織田信長	桶狭間の戦いや長篠の戦いを経て、天下統一を進めた戦国大名。本能寺の変で自害。
足利義昭	信長に助けられ室町幕府第15代将軍になった。信長に反発し攻撃するが、やがて京都から追放され、室町幕府はほろんだ。
今川義元	駿河・遠江の守護大名・戦国大名で、桶狭間の戦いで織田信長に敗れた。
武田信玄	甲斐の戦国大名で、『信玄家法』を定めて強い家臣団をつくり、信濃や駿河に領土を広げた。
長尾景虎（上杉謙信）	越後を統一し、信濃の川中島で武田信玄と戦った戦国大名。関東管領の上杉氏を相続した。

長篠の鉄砲隊は以後なごむ

長篠の戦い織田・徳川連合軍の鉄砲隊　1575年

勝つより先に牙をむく

武田勝頼の騎馬隊

🖋 学習のポイント！

長篠の戦い	1575年、甲斐の武田勝頼が三河に攻めいった戦い。織田信長は徳川家康とともに武田軍を破った。このとき鉄砲が効果的に使われた。

📊 図で理解しよう！

織田・徳川
連合軍
（鉄砲隊）

武田軍
（**騎馬**隊）

ここに鉄砲隊が
並んでいる

長篠の戦い（長篠合戦図屏風）
（写真：TopFoto ／アフロ）

本能寺の変　山崎の戦い

十五夜に明るく燃える本能寺

1582年　明智光秀　本能寺の変

山じゃ豊かなサルが勝つ

山崎の戦い　豊臣秀吉が勝利する

学習のポイント！

本能寺の変	安土城から京都に入った**織田信長**が、家臣の**明智光秀**の裏切りで滅ぼされた事件。
山崎の戦い	本能寺の変のわずか11日後に、明智光秀が**豊臣秀吉**によってうち滅ぼされた戦い。

関連事項を学んでおこう！

天正遣欧使節	織田信長の時代、大友宗麟ら九州の**キリシタン大名**が合同でローマに派遣した使節。**伊東マンショ・千々石ミゲル・原マルチノ・中浦ジュリアン**の4少年が派遣された。
安土城	信長が**琵琶湖**のほとりに築き、天下統一の拠点とした城。
楽市・楽座	信長による経済政策。独占販売権や非課税権などの同業者組合の座の特権をなくし商品取引の拡大をはかった。

刀狩令　太閤検地

武器取り上げて以後やばい

百姓から武器を取り上げた　1588年

いい子はニンマリ太閤検地

1582年　太閤検地

学習のポイント！

刀狩令（かたながりれい）	新しく**大仏**を造るために使うという名目で、**一揆**（いっき）を防止するために農民の持つ武器を取り上げた法令。
太閤検地（たいこうけんち）	**ます**の大きさなどの基準を統一し、全国すみずみまで行われた検地。これにより**荘園**（しょうえん）は消滅（しょうめつ）した。
兵農分離（へいのうぶんり）	**太閤検地**（たいこうけんち）と**刀狩令**により、武士と農民との**身分**をはっきり分けた。

この人物を学べ！

豊臣秀吉（とよとみひでよし）	信長（のぶなが）の跡（あと）を継（つ）ぎ、天下統一を完成させた。**太閤検地、刀狩令、キリスト教の制限**などの政策を進めた。
千利休（せんのりきゅう）	信長・秀吉に仕（つか）えた堺（さかい）の大商人で、**茶道**（さどう）を**大成**した。秀吉との意見の対立から切腹を命ぜられた。
狩野永徳（かのうえいとく）	信長・秀吉に仕えた絵師で、障壁画（しょうへきが）を多数えがいた。『**唐獅子図屏風**（からじしずびょうぶ）』などが代表作。
出雲の阿国（いずものおくに）	**阿国歌舞伎**（おくにかぶき）と呼ばれる踊（おど）りを始めた女性。出雲大社の巫女（みこ）だったといわれる。

豊臣秀吉・天下統一

東国（とうごく）を

1590年　関東の北条氏滅亡　東北の伊達氏服属

治めて天下統一だ

豊臣秀吉が天下統一を果たす

この人物を学べ！

毛利元就 （もうりもとなり）	厳島の戦いなどを経て、中国地方のほぼ全域を支配した戦国大名。 孫の毛利輝元は豊臣政権の五大老のひとり。
長宗我部元親 （ちょうそかべもとちか）	土佐を支配し、さらに四国地方を統一した戦国大名。後に羽柴（豊臣）秀吉に敗れる。
北条早雲 （ほうじょうそううん）	浪人から戦国大名になり関東地方で勢力を拡大。
伊達政宗 （だてまさむね）	東北地方で勢力を持っていた戦国大名。 豊臣秀吉に服従、その後関ヶ原の戦いで徳川家康に味方し初代仙台藩藩主の座に就く。

図で理解しよう！

おもな戦国大名とその領地
（1560年ごろ）

秀吉の朝鮮出兵

異国にぶんどる

1592年　文禄の役

苦難の挑戦

1597年　慶長の役　朝鮮出兵

学習のポイント！

文禄の役	明（中国）の征服を考えた豊臣秀吉が、1592年に行った第一回目の朝鮮出兵。 朝鮮軍は李舜臣率いる水軍が亀甲船などで抵抗した。
慶長の役	1597年に行われた二回目の朝鮮出兵。翌年、秀吉が死去したことにより、日本軍は撤退した。

この人物を学べ！

加藤清正	豊臣秀吉の家臣。朝鮮出兵の際に活躍した。 秀吉没後は徳川家康に仕え、熊本藩初代藩主となる。

記述のポイントはコレだ！

問	安土桃山時代、有田焼・萩焼・薩摩焼などの陶磁器の技術が発展したのはなぜか？
答	朝鮮出兵により多数の朝鮮人陶工が日本へ連れてこられたから。

関ヶ原の戦い・江戸幕府を開く

異論の多い関所の石

1600年　関ヶ原の戦い　石田三成

異論はみとめぬ江戸幕府

1603年　江戸幕府を開く

学習のポイント！

関ヶ原の戦い	豊臣秀吉の死後、**五大老**の筆頭である**徳川家康**と、**五奉行**のひとりである**石田三成**が対立した。家康側の東軍と石田三成や豊臣氏側の西軍に分かれて1600年に岐阜県の関ヶ原で激突し、東軍が勝利した。 豊臣秀頼は戦いに参加していなかったが、領地のほとんどを没収された。

この人物を学べ！

徳川家康	三河国（愛知県）の小大名として生まれ、幼少時代は今川氏や織田氏の人質として過ごす。 関ヶ原の戦いで勝利した後、1603年に朝廷から征夷大将軍に任じられ、江戸に幕府を開いた。1616年に死去し、のちに日光東照宮にまつられた。
石田三成	豊臣秀吉の家臣。 豊臣秀頼を奉じて徳川家康と対決したが、**関ヶ原の戦い**で敗れ処刑された。

大坂冬の陣・夏の陣

秀頼の意志固い冬

豊臣秀頼　1614年　大坂冬の陣

以後夏に豊臣滅亡

1615年　大坂夏の陣　豊臣家滅亡

学習のポイント！

大坂冬の陣	1614年に起こった豊臣秀頼と徳川家康の戦い。徳川軍30万人に対して豊臣方は10万人だったが、真田幸村らの活躍により戦いは終結しなかった。
大坂夏の陣	1615年に起こった、徳川家康による2度目の大坂城城攻め。これにより秀頼と淀殿（浅井長政の娘）は自害し、大坂城は炎上、豊臣家が滅んだ。

関連事項を学んでおこう！

桃山文化	安土桃山時代に生まれた、大名や商人の経済力を生かした、豪華で雄大な文化。
大坂城	秀吉が石山本願寺の跡地に建て、自分の本拠地とした城。
姫路城	桃山文化の代表的な建築で、ほぼ完全な形で残っている。1993年、世界文化遺産に登録された。別名「白鷺城」

武家諸法度

異論以後禁止
1615年　禁中並公家諸法度
武家も家見てハッとする
武家諸法度　徳川家光

📝 学習のポイント！

武家諸法度	2代将軍徳川**秀忠**が初めて定め、**3代将軍徳川家光**が強化した大名を統制するための法律。**参勤交代**などの制度が定められている。
参勤交代	大名の妻子を**人質**として江戸におき、大名は1年おきに江戸と領地に交代で住む制度。旅費などはすべて大名持ちだったため、経済的負担が大きかった。
禁中並公家諸法度	天皇や公家を統制するために、武家諸法度と同時に定められた。
五人組	百姓におたがいを**監視**させるためにつくらせた。年貢を納めなかった場合などには**連帯責任**を負わされた。

この人物を学べ！

徳川秀忠	徳川2代将軍。**武家諸法度**を定めた。
徳川家光	徳川3代将軍。**参勤交代**の制度を定めたり、鎖国政策をおし進めたりした。

徳川御三家

誤算だが、
徳川御三家
終わりだきみとは

（格の高い順に）尾張藩・紀伊藩・水戸藩

🖊 学習のポイント！

徳川御三家	徳川将軍家に次ぐ地位の家柄。尾張徳川家・紀伊徳川家・水戸徳川家がある。
親藩	徳川家の親戚が治めた藩のこと。
譜代大名	関ヶ原以前から徳川家に仕えていた大名。
外様大名	関ヶ原の戦い以後に徳川家に従った大名。加賀藩の前田家・薩摩藩の島津家・土佐藩の山内家・仙台藩の伊達家などがある。

📚 関連事項を学んでおこう！

老中	江戸幕府におかれた、将軍を助ける役職。
大老	将軍に次ぐ最高職。**非常時**におかれた。
幕藩体制	将軍が全国すべてを支配するのではなく、地方は各地の大名に支配させる政治体制。
天領	徳川家が直接支配した土地。**大坂・長崎**などの重要都市や佐渡金山などがある。

歴史 54

島原・天草一揆

一路みな行く島原へ

1637年　島原・天草一揆

天草切り捨てハラハラす

天草四郎時貞　キリスト教徒　原城跡にたてこもる

学習のポイント！

島原・天草一揆	島原地方でキリシタン弾圧と重税に苦しむ農民が、天草四郎時貞（益田時貞）を中心に起こした大規模な一揆。島原の乱ともいう。
絵踏	キリスト教を危険な教えとした幕府が、信者を発見するためにキリストやマリア像などを踏ませた。
寺請制度	キリスト教徒ではないことを証明するために、必ずどこかの寺に属さなければならない、という制度。江戸時代、幕府は宗門人別改帳という書類をつくらせ、戸籍や年貢の管理を行っていた。

記述のポイントはコレだ！

問 江戸幕府がキリスト教を禁止したのはなぜか？　理由を2つあげなさい。

答 江戸幕府は将軍を頂点とする厳しい身分制度をしいており、平等を説くキリスト教の教えとは相反したから。
また、キリシタンが団結し、一揆を起こすことを防ぐため。

五街道が整備される

東海道の五十三次
五街道　東海道（五十三次）

ロックで泣かせん奥日光
（六十九次）・中山道・奥州街道・日光街道・甲州街道

学習のポイント！

東海道	江戸日本橋と京都を結ぶ街道。53の宿場が置かれた。
中山道	江戸日本橋と草津を結ぶ街道。69の宿場が置かれた。
奥州街道	江戸日本橋と白河を結ぶ街道。
日光街道	江戸日本橋と日光を結ぶ街道。 日光には徳川家康をまつる日光東照宮がある。
甲州街道	江戸日本橋と下諏訪を結ぶ街道。 江戸が攻め込まれた時の将軍の避難経路として整備。

図で理解しよう！

主な陸路・海路

128

農業の発達

新しい油欲しいか
新田開発　油かす　干鰯(ほしか)

備中ぐわでとうせんぼ
備中ぐわ　とうみ　千歯こき　千石どおし

📝 学習のポイント！

新田開発	江戸時代中期から行われた農業政策。これにより耕地は豊臣秀吉のころに比べて約2倍に増えた。
油 か す	**なたね油**のしぼりかす。江戸時代、肥料として使用された。
干 鰯	いわしを干した肥料。
備中ぐわ	**備中**（岡山県）で開発されたとされる、土を深く耕すことができるくわ。
とうみ	風を起こして、もみがらやごみを吹き飛ばす装置。
千歯こき	**脱穀**に使用される農具。
千石どおし	**玄米ともみの選別**に使用される農具。

📊 図で理解しよう！

備中ぐわ　　　とうみ

千歯こき　　　千石どおし

鎖国完成

人むさくるしいよ鎖国令

1639年　鎖国令

当時うらんでつかれそう

中国 ➡ 唐人屋敷　オランダ ➡ 出島　朝鮮通信使 ➡ 対馬の宗氏

学習のポイント!

鎖　　国	外国との交易を制限する体制。鎖国中の貿易相手は中国とオランダに限られていた。
出　　島	鎖国中、**オランダ**が貿易を許された場所。
唐人屋敷	鎖国中、**中国人商人**が住まわされた場所。
朝鮮通信使	**将軍の**代替わりごとに江戸に来訪した、朝鮮からの使節。**対馬の宗氏**が仲介した。

関連事項を学んでおこう!

琉球王国	東南アジアと中国を結ぶ貿易の中継地点として栄えた。1609年に薩摩藩の島津氏により首都の首里城が陥落、降伏した。
アイヌ	**蝦夷地**（北海道）で狩猟生活を営んでいた民族。松前藩が交易を独占した。

この人物を学べ!

ウィリアム=アダムズ（イギリス人）	豊後国漂着のリーフデ号乗員。家康の外交の相談役となった。
ヤン=ヨーステン（オランダ人）	

生類憐みの令

動物を、拾わないなら

動物愛護（生類憐みの令）　1687年

つないどけ

徳川綱吉

歴史

🖊 学習のポイント！

生類憐みの令	5代将軍徳川綱吉が出した動物愛護令。
徳川綱吉	5代将軍。武士に儒学を学ぶことをすすめるなど学問に力を入れた。 一方、質の悪い貨幣を出したために経済は混乱し、人々の間に不満が高まった。

関連事項を学んでおこう！

元禄文化	江戸時代前期（徳川綱吉のころ）の文化。 上方（京都・大坂）を中心に、町人たちによって生み出された。
井原西鶴	浮世草子と呼ばれる庶民の生活を描いた小説を書いた。『好色一代男』『日本永代蔵』
近松門左衛門	歌舞伎や人形浄瑠璃の脚本を書いた。 『曽根崎心中』『国姓爺合戦』
松尾芭蕉	俳諧を芸術にまで高めた。東北・北陸を旅行した時の俳諧紀行文『奥の細道』で知られる。
菱川師宣	浮世絵の祖とされる芸術家。 『見返り美人図』などを描いた。

正徳の治

正に徳ある白石さん

正徳の治　新井白石

朝の通信簡素にね

朝鮮通信使の待遇を簡素化

学習のポイント！

正徳の治	**6代将軍徳川家宣**・**7代家継**に仕えた儒学者の新井白石が行った政治。 生類憐みの令を廃止し、貨幣の質をよいものにもどし（正徳金銀）、朝鮮通信使の簡素化などを行った。

入試「これだけは！」

マニュファクチュア	大商人が都市につくった工場で、出稼ぎにきた百姓や職人を集めて生産を行う手法。**工場制手工業**ともいう。 織物業や酒・しょう油などの醸造業が発展した。
越後屋	**三井高利**がおこした商店。「**現金掛け値なし**」の商法で繁盛した。現在の**三越**デパートの祖。
両替商	江戸時代に流通した**金・銀・銭**の三種類の貨幣を交換する商人。 当時**東日本では金**貨が、**西日本では銀**貨が使用されていたため、両替商が発達した。 現在の**銀行**の元となった。

享保の改革

よし！今日から改革

徳川吉宗　享保の改革

あぶくめし

上げ米の制　公事方御定書　目安箱　新田開発

🖊 学習のポイント！

上げ米の制	一万石につき百石の**米**を**大名**から集める代わりに**参勤交代**の期間を半年に短縮した。
公事方御定書	江戸時代の裁判の法令集。多くの判例がおさめられ、**裁判の公正化**がはかられた。
目安箱	庶民からの不満の声や要望を**投書**させるために設置された箱。

この人物を学べ！

徳川吉宗	**8代将軍**。**享保の改革**を実施し、特に米の値段に気を配ったため「**米公方**」と呼ばれた。

暗記のポイントはコレだ！

江戸三大改革の順番はこう覚えよう！

享保の改革	寛政の改革	天保の改革
徳川吉宗	松平定信	水野忠邦
今日はよし！	完成待って	水鉄砲

老中・田沼意次

長崎で田沼に落ちて苦労中
長崎貿易推奨　老中・田沼意次

家に貼り出す株公認
徳川家治　株仲間公認

学習のポイント！

株仲間	江戸時代の商工業者たちがつくる**同業者組合**。幕府に税をおさめる代わりに営業を**独占**した。

入試「これだけは！」

天下の台所	大坂は、**西廻り航路**によって年貢米や特産物などが全国から集められた。それを収める**蔵屋敷**が建ちならんでいたため、こう呼ばれた。
蔵屋敷	**大坂**に建ち並んでいた、年貢米などが運び込まれた倉庫。
三都	江戸時代における**江戸・大坂・京都**のこと。江戸は「**将軍**様のおひざもと」、京都は「**天子**様のおひざもと」と呼ばれた。
寺子屋	民間の子供に、「**読み・書き・そろばん**」を教える場所。僧侶や**武士**が教師となった。武士の子弟教育のため各地に**藩校**が設立された。以前には「**足利学校**」と呼ばれる機関もあった。

寛政の改革

かっこいいきみ

囲米の制　棄捐(きえん)令

まさか、いかん！

老中・松平定信　寛政の改革　寛政異学の禁

🖊 学習のポイント！

囲米の制	ききんに備えて大名たちに米を備蓄させる制度。
棄捐令	旗本・御家人を救済するために、借金を帳消しにする命令。
寛政異学の禁	朱子学以外の学問を禁止した命令。

入試「これだけは！」

百姓一揆	凶作やききんなどで生活が苦しくなった百姓が、年貢の引き下げなどを求めて団結し、農村で起こした暴動。
打ちこわし	凶作やききんなどで生活が苦しくなった町人が、都市部の米屋や大商人を襲った暴動。

記述のポイントはコレだ！

問　百姓一揆の署名は円形に書かれていた。その理由は何か？

答　リーダーが誰か特定されないようにするため。

ラクスマン来航　フェートン号事件

楽して国に帰れたね

ラクスマン　1792年　根室に来航

違反をやめなよフェートンさん

1808年　フェートン号事件

学習のポイント!

ラクスマン	**1792年**に**根室**に来航した**ロシア**の軍人。 日本に通商を求めた。
レザノフ	**1804年**に**長崎**に来航した**ロシア**の外交官。 幕府は通商要求を拒否した。
フェートン号事件	**1808年**に起こった事件。 **イギリス**船フェートン号が長崎に来航し、**オランダ**商館員を人質にとって水と食料を要求した。

関連事項を学んでおこう!

大日本沿海輿地全図	**伊能忠敬**が幕府に命じられて全国を測量して作成した、正確な日本地図。
伊能忠敬	下総（千葉）の酒屋であったが、幕府に命ぜられて蝦夷地を含む全国を測量。 のちに「**大日本沿海輿地全図**」をつくった。
間宮林蔵	伊能忠敬の弟子。**樺太**を探検した。 樺太が島であることを発見し、**間宮海峡**（タタール海峡）の名前の由来となった。

異国船打払令　モリソン号事件

いやにごきげん異国船
1825年　異国船打払令

いやん見ないでモリソンさん
1837年　モリソン号事件

歴史

🖊 学習のポイント！

異国船打払令	外国船打払令・無二念打払令ともいう。 フェートン号事件を受け、幕府が、沿岸に砲台を建設し、近づく外国船は理由を問わず砲撃せよという命令を出した。 その後、1842年にアヘン戦争で清（中国）がイギリスに敗れると天保の薪水給与令が出され、打払令はゆるめられた。

📚関連事項を学んでおこう！

モリソン号事件	1837年にアメリカ船モリソン号が、日本の漂流民を送り返すために来航したが、打払令により砲撃された。
アヘン戦争	イギリスと清（中国）との間で、麻薬の一種であるアヘンの密輸をめぐって1840年〜42年に起こった戦争。 清がイギリスに敗れると、驚いた幕府は1842年に天保の薪水給与令を出して、打払令をゆるめた。

大塩平八郎の乱

いやみな幕府をやっつけろ！

1837年

大坂の町は塩だらけ

大坂の元町奉行所の役人　大塩平八郎

学習のポイント！

大塩平八郎の乱	**大坂**の元町奉行所の役人であり、儒学者であった大塩平八郎が大坂で起こした反乱。 元役人が反乱を起こしたということで、幕府は大きなショックを受けた。

関連事項を学んでおこう！

化政文化	江戸時代後期（11代徳川家斉のころ）の文化。 江戸を中心に町人の間で発展した。
十返舎一九	会話中心のこっけいな小説を書いた。 『東海道中膝栗毛』
滝沢馬琴 （曲亭馬琴）	歴史や怪奇を織り交ぜた小説を書いた。 『南総里見八犬伝』など。
与謝蕪村	俳人。　菜の花や月は東に日は西に
小林一茶	俳人。　雀の子そこのけそこのけお馬が通る
歌川広重 （安藤広重）	**浮世絵**（錦絵＝多色刷りの版画）の絵師。 『東海道五十三次』を描いた。
葛飾北斎	浮世絵の絵師。『富嶽三十六景』を描いた。

蛮社の獄

森で損して人は錯乱

モリソン号事件を批判　1839年

高い綿菓子晩ごはん

高野長英　渡辺崋山　蛮社の獄

学習のポイント！

蛮社の獄	高野長英や渡辺崋山らの蘭学者が、モリソン号事件の際の幕府の鎖国政策を批判したために、幕府によって捕らえられた事件。

関連事項を学んでおこう！

蘭　学	ヨーロッパの進んだ医学や科学など、オランダを通じて伝わったもの全体をさす。
シーボルト	ドイツ人の医師で、オランダ人と偽って入国。長崎に鳴滝塾を開き、高野長英らを育てた。
シーボルト事件	1828年、シーボルトが帰国する際、日本地図を持ち出そうとして、国外追放の処分を受けた事件。
杉田玄白前野良沢	オランダの医学書『ターヘル・アナトミア』を訳し、『解体新書』を発行した。
青木昆陽	蘭学者。幕命で蘭学を学び、また、ききん対策としてさつまいもの栽培をすすめた。
平賀源内	蘭学者・博物学者で、エレキテルなどを復元した。

天保の改革

水鉄砲一旗上げて

老中・水野忠邦　天保の改革　人返しの法　上知令

株解散

株仲間の解散

🖊 学習のポイント！

人返しの法	江戸で働いている百姓に、農村に帰ることを命じた法令。
上知令	江戸や大坂の周辺をまとめて幕府の領地とする代わりに、持ち主の大名や旗本に本領近くの土地を与えようとした命令。
株仲間の解散	株仲間が営業を独占していたため物価が上がり、庶民が苦しんでいたため、株仲間を解散させた。

📚 関連事項を学んでおこう！

寛政の改革を批判した狂歌

白河の清きに魚の住みかねてもとのにごりの田沼恋しき

白河：白河藩主松平定信　　田沼：老中田沼意次

天保の改革を批判した狂歌

白河の岸打つ波に引きかえて浜松風の音のはげしさ

浜松：浜松藩主水野忠邦

ペリー来航

いやでござんすペリーさん

1853年　ペリー来航

日米和親で下駄箱開放

日米和親条約　下田・函館を開港

📝学習のポイント！

日米和親条約	1854年に幕府がアメリカとの間で結んだ条約。下田・函館の２つの港を開港することが決定された。

この人物を学べ！

ペリー	1853年に４せきの軍艦を率いて浦賀に来航したアメリカ人。開国を求め、二度目の来航時に日本に開国を決定させた。

記述のポイントはコレだ！

問	アメリカはなぜ日本に開国をさせたがっていたのか？　理由を２つあげなさい。
答	当時、太平洋で操業を行っていた自国の捕鯨船に、水・食糧・燃料である薪や石炭を補給するための基地として日本が適していたから。 また、清との貿易の中継地点にするため。

安政の五カ国条約

いい針打って安静後　治療完了

井伊直弼　ハリス　安政の五ヵ国条約　治外法権を認める　関税自主権がない

青い風呂

アメリカ・オランダ・イギリス・フランス・ロシア

📝 学習のポイント！

日米修好通商条約（にちべいしゅうこうつうしょうじょうやく）	大老**井伊直弼**（いいなおすけ）とアメリカ総領事**ハリス**との間で**1858年**に結ばれた条約。 天皇の許可を得ておらず、また不平等な内容であったため、武士たちの不満を招いた。
日米修好通商条約の内容	**関税自主権（かんぜい）がない**
	貿易輸入品にかける**関税**（かんぜい）（税金）の税率を日本は自由に決めることができなかった。
	治外法権（ちがいほうけん）を認める
	外国人が日本で罪を犯した場合、日本の法律では裁くことができないこと。 「**領事裁判権を認める**」ともいう。

👮 この人物を学べ！

ハリス	**アメリカ総領事**。清が英（えい）・仏（ふつ）に敗れたアロー戦争の例を幕府に突きつけ、条約の調印を促（うなが）した。
井伊直弼	彦根藩（ひこね）の藩主。 開国後の混乱のなか大老となり、日米修好通商条約を結んだ。 その後、水戸浪士（みとろうし）らによって**桜田門外**（さくらだもんがい）で暗殺された。

安政の大獄

安政の世は

安政の大獄　吉田松陰　橋本左内

一発で獄

1859年

学習のポイント!

安政の大獄	1859年、井伊直弼が、攘夷論者の吉田松陰・橋本左内や後の15代将軍となる一橋慶喜ら、幕府の政策を批判した大名などを処罰した事件。処罰された人数は100人以上にのぼった。
桜田門外の変	1860年に大老・井伊直弼が、その強引な政治手法や安政の大獄などのうらみを買い、水戸藩などの浪士らによって、江戸城の桜田門の外で暗殺された事件。

この人物を学べ!

吉田松陰	長州藩出身の思想家で、おじが開いた松下村塾を受けつぎ、尊王攘夷の考えを広めた。弟子には木戸孝允・高杉晋作・伊藤博文・山県有朋らがいる。
橋本左内	越前藩士。開国派の思想を持つ危険人物とされ、安政の大獄で処刑された。

薩長同盟成立

西郷どんそれはかつらか

西郷隆盛　桂小五郎(木戸孝允)

いやむろん

1866年

学習のポイント!

尊王攘夷運動	幕末に起こった、外国人を打ち払うべしという攘夷論と、天皇中心の政治体制にもどすべしという**尊王論**が結びついた運動。
生麦事件	**1862**年、**神奈川**の**生麦村**で起こった事件。**薩摩藩**の**島津久光**の行列に無礼を働いたイギリス人を、薩摩藩士が殺傷した。
薩英戦争	1863年、生麦事件の報復として薩摩藩と**イギリス**との間で行われた戦争。
薩長同盟	**坂本龍馬**らの仲介により、反発していた薩摩藩と長州藩の間で倒幕を目的に結ばれた同盟。

この人物を学べ!

坂本龍馬	**土佐**藩出身。**亀山社中**（のちの**海援隊**）を組織し、薩長同盟を結ばせた。**倒幕**のためにイギリスの協力を得ることに成功するが、**1867**年に暗殺された。
山内容堂	土佐藩前藩主。大政奉還の案を**徳川慶喜**に進言した。

大政奉還

一夜むなしい

1867年

よし奉還

徳川慶喜　大政奉還

📖 学習のポイント！

大政奉還（たいせいほうかん）	1867年、徳川慶喜（とくがわよしのぶ）が政権を朝廷（ちょうてい）に返上した。これにより、**約700年**続いた武家政権と**約260年**続いた江戸（えど）時代が終わりを告げた。
王政復古の大号令（おうせいふっこ）（だいごうれい）	**大政奉還後**、新政府が出した、天皇の政治が始まるという宣言のこと。
戊辰戦争（ぼしん）	1868年に起こった**鳥羽・伏見の戦い**（とば・ふしみ）から、1869年の**函館五稜郭の戦い**（はこだて ごりょうかく）までの、新政府軍と旧幕府軍（**奥羽越列藩同盟**（おううえつれっぱんどうめい））との一連の戦いのこと。

👨 この人物を学べ！

徳川慶喜（とくがわよしのぶ）	**徳川15代将軍**。幕府と薩長の間の戦いによる国の弱体化を懸念し、大政奉還を行った。
勝海舟（かつ かいしゅう）	幕末における幕府の重鎮（じゅうちん）。日本で初めて太平洋横断に成功した**咸臨丸**（かんりんまる）の艦長（かんちょう）。戊辰戦争時には西郷隆盛（さいごうたかもり）と２度にわたる会談を行い、**江戸城**を**無血開城**し、江戸への総攻撃（そうこうげき）を回避（かいひ）した。

五箇条の御誓文・五榜の掲示

ひとつやろうや

1868年 明治維新

維新でゴー！ゴー！

五箇条の御誓文　五榜の掲示

学習のポイント！

明治維新（めいじいしん）	幕末から明治にかけて、政治体制や世の中のしくみが大きく変わったこと。
五箇条の御誓文（ごせいもん）	明治天皇が神に誓うという形で、1868年に出された、明治新政府の基本方針。
五榜の掲示（ごぼうのけいじ）	民衆向けに出された、新政府の方針。内容は江戸時代と変わらなかった。

この人物を学べ！

明治天皇	14歳で即位し、京都御所を出て江戸城に住んだ。
木戸孝允（きどたかよし）	**長州藩士**で尊王攘夷派の中心人物。**西郷隆盛・大久保利通**とならぶ**維新三傑**のひとり。 五箇条の御誓文の起草にかかわった。 維新前は**桂小五郎**を名乗っていた。
大久保利通	**薩摩藩**出身の政治家。**維新三傑**のひとり。 明治維新後の**廃藩置県**や**地租改正**、**内務省**の設置など、さまざまな政治に携わった。

版籍奉還・廃藩置県

いや無理苦しい版籍奉還

1869年　版籍奉還

廃藩置県はいやな人

廃藩置県　1871年

📎 学習のポイント！

版籍奉還	江戸時代は大名が支配していた土地や人民を、朝廷に返上させた政策。 **1869年**に行われた明治新政府による**中央集権化事業**のひとつ。
廃藩置県	藩を廃止して、全国に府と県を置いた。 大名は東京に集められ、その代わりに政府が任じた府知事・**県令**を派遣した。

📚 関連事項を学んでおこう！

富国強兵	新政府が掲げたスローガンのひとつ。 国を豊かにして強い軍隊をもつこと。
殖産興業	新政府が掲げたスローガンのひとつ。 各地に官営の工場を建設したり、欧米の進んだ技術を導入するなどして、産業をさかんにすること。
富岡製糸場	**1872年**、**群馬県**につくられた官営の製糸工場。 **フランス人**技師ブリューナの指導で建設された。 士族出身の女性が**女工**として働いていた。

地租改正

いやな３％（パー）

1873年　地価の３％

元気にごちそう

現物納入 ➡ 現金　地租改正

✎学習のポイント！

地租改正	年貢による税収は豊作や凶作などがあって不安定であるため、**土地の価格（地価）の３％**を**現金**で納めさせた。 この改革により、日本の税制が大きく変わった。

入試「これだけは！」

徴兵令	**満20歳以上の男子に兵役を義務付けた法令。** 税金を多く納めた者や役人などは兵役を逃れることができたため、不満をもった人々により**血税一揆**が起こされた。
学　制	**1872年**に発布された、国民は誰でも小学校教育（**義務教育**）を受けることとする制度。 大切な働き手である子供を学校に取られることや、授業料・学校建設費の支払い義務などから、これに反対する一揆も起きた。
日本の 近代化政策	**前島密**により飛脚にかわる郵便制度が確立された。1872年には**新橋～横浜**間に日本初の鉄道が開通した。

民撰議院設立建白書

藩閥政治の嫌な世に

藩閥政治　1874年

板垣退助建白す

板垣退助　民撰議院設立建白書

学習のポイント！

民撰議院 設立建白書	征韓論で政府をしりぞいた**板垣退助**が、言論によって政治を動かすという考えから、政府に提出した意見書。
自由民権運動	**藩閥政治**をなくし、憲法をつくって選挙で選ばれた議員による議会で政治を行うべきだと主張した運動。
藩閥政治	**薩摩藩**や**長州藩**などの出身者による政治。
自由党	**板垣退助**がつくった政党。**フランス**流の急進的な自由主義を目指し国民主権を唱えた。
立憲改進党	**大隈重信**がつくった政党。**イギリス**流のおだやかな議会政治を目指して、天皇と国民の共同統治を主張した。

この人物を学べ！

板垣退助	**土佐藩**出身の政治家。**民撰議院設立建白書**を出し、**立志社**や**自由党**をつくった。
大隈重信	**肥前藩**出身の政治家。**立憲改進党**をつくる。また東京専門学校（現**早稲田**大学）を創設した。

樕太・千島交換条約

千島と樺太

樺太・千島交換条約

いやな交換

1875年

📎 学習のポイント！

樺太・千島交換条約	1875年にロシアとの間に結ばれた条約。樺太(サハリン)をロシア領、千島列島を日本領とした。

入試「これだけは！」

岩倉使節団	条約改正交渉準備のために、**岩倉具視**らが1871〜73年にアメリカ・ヨーロッパに派遣された。この使節団の中には**大久保利通**や**伊藤博文**、当時満6歳だった津田梅子も含まれていた。

この人物を学べ！

岩倉具視	公家出身の政治家で、倒幕に尽力した。不平等条約改正のために欧米に送られた使節団の団長を務めた。
福沢諭吉	『**学問のすゝめ**』という本を出し、人々に人間の平等・独立と学問の大切さを説いた。慶應義塾を創設した。

歴史
78

西南戦争

人生の最後に

西南戦争　西郷隆盛

いやな名前だなあ

1877年

歴史

🖋 学習のポイント！

征韓論	**西郷隆盛**や**板垣退助**らが唱えた、士族の力を利用して、鎖国中の**朝鮮**を武力で開国させるという主張。大久保利通らによって反対され、西郷・板垣らは政府をしりぞいた。
士族の反乱	明治時代に元武士たちが起こした反乱。**佐賀の乱**・**神風連の乱**・**秋月の乱**・**萩の乱**などがある。
西南戦争	鹿児島に戻った**西郷隆盛**を中心に士族らが九州で起こした大規模な反乱。西郷は敗れ、自害した。これ以後、不平士族は武力による政府への反抗をやめ、言論で政府を批判し、自由民権運動を展開した。

👲 この人物を学べ！

西郷隆盛	**薩摩藩**出身の軍人・政治家。**大久保利通**・**木戸孝允**らとならび維新三傑と称される。 倒幕運動の中心人物であり、**勝海舟**との会談で**江戸無血開城**を実現した。 その後、**征韓論**で敗れて下野し、**西南戦争**を起こした。

大日本帝国憲法

いち早くプロに任せよ

1889年　プロイセン（ドイツ）の憲法を参考にする

帝国憲法

大日本帝国憲法

🔖 学習のポイント！

内閣制度	1885年につくられた内閣を行政の最高機関とする制度。初代内閣総理大臣は伊藤博文。
大日本帝国憲法	伊藤博文がプロイセン（ドイツ）の憲法を参考につくった憲法。 1889年2月11日に明治天皇によって発布された。 主権は天皇にあり、国民は天皇の家来（臣民）と位置づけられた。軍隊は天皇の統帥権の下に置かれ、議会や内閣は干渉することができなかった。 現在2月11日は「建国記念日」という国民の祝日。

記述のポイントはコレだ！

問	大日本帝国憲法はなぜプロイセン（ドイツ）の憲法を参考につくられたのか？
答	ドイツは明治維新とほぼ同時期にプロイセンを中心に統一され、急速に近代化した。その状況が日本とよく似ていたから。また君主権の強い憲法が、天皇中心の国家をつくる考えと合っていたから。

第一回帝国議会

帝国開いて

第一回帝国議会

日本の飛躍を！

1890年

📝 学習のポイント！

帝国議会	1890年に初めて**衆議院議員総選挙**が行われ、その後**第一回帝国議会**が開かれた。 この当時の選挙権は、**直接国税15円以上**を納める満**25歳以上**の**男子**にしか与えられておらず、全人口のわずか**1.1％**しかいなかった。 議会は、主に華族から選ばれる**貴族院**と、選挙で国民から選ばれる**衆議院**の二院制をとっていた。

👲 この人物を学べ！

伊藤博文	**長州藩**出身の政治家。明治後期の政治を主導した。憲法制定準備のためヨーロッパを歴訪し、日本最初の**内閣総理大臣**となった。 1900年には**立憲政友会**を結成した。 **韓国統監府**の初代統監となるが、**1909年**に**ハルビン**にて**韓国人青年安重根**に暗殺された。
黒田清隆	**薩摩藩**出身の政治家。**第2代内閣総理大臣**。大日本帝国憲法発布時の首相。

日清戦争

一度白紙に！
1894年
交互に日進月歩で下関

甲午農民戦争 ➡ 日清戦争 ➡ 下関条約

学習のポイント！

日清修好条規	**1871年**に日本と清の間に結ばれた、日本初の外国との**対等条約**。
日朝修好条規	**1875年**に起こった江華島事件をきっかけにして、翌76年に朝鮮に開国を迫り、結ばせた不平等条約。
甲午農民戦争（東学党の乱）	国内の政治や日本との不平等な貿易などに不満を持った朝鮮の農民が、東学党と結びついて起こした大規模な反乱。
日清戦争	**甲午農民戦争**を鎮圧する名目で、1894年に日清両国が朝鮮に出兵したことで起こった戦争。近代化された軍隊をもつ日本が勝利した。
下関条約	日清戦争の講和会議で結ばれた条約。日本は台湾・遼東半島・澎湖諸島などの領土と**2**億両（約3億1千万円）の賠償金を手にした。
三国干渉	日本の中国や朝鮮への勢力拡大を恐れたロシアが、ドイツ・フランスとともに日本に圧力をかけ、遼東半島を清に返還させた。

八幡製鉄所操業開始　足尾銅山鉱毒事件

八幡に行く老いた人

八幡製鉄所　1901年

足で渡るよ田中君

足尾銅山鉱毒事件　渡良瀬川　田中正造

🖊 学習のポイント！

第一次 産業革命	日清戦争前後に起きた軽工業中心の産業革命。
第二次 産業革命	日露戦争前後に起きた重工業中心の産業革命。
八幡製鉄所	日清戦争の賠償金の一部を元手にして今の北九州市に建設された、官営の製鉄所。 これ以降の日本の鉄鋼業の中心となった。

📋 入試「これだけは！」

足尾銅山 鉱毒事件	栃木県の足尾銅山から渡良瀬川に鉱毒が流れ出したことで起こった公害問題。 鉱毒に悩む農民を救うため、衆議院議員の田中正造が議会で政府を追及。1901年に天皇に直訴をくわだてたが、失敗した。
女　工	日本の輸出の中心であった綿織物や生糸をつくる工場で働いていた若い女性。 長時間労働や不衛生な労働環境などから、結核を患う人も多かった。

日露戦争

人の苦、惜しむ

1904年

ロシアとニッポン

日露戦争　ポーツマス条約

🖊 学習のポイント！

日英同盟	ロシアの東アジアへの進出に対抗して、1902年に日本がイギリスと結んだ同盟。
日露戦争	日本の海軍が旅順のロシア艦隊を攻撃したことで開戦。激戦の末、日本優勢の中で終結。
ポーツマス条約	アメリカ大統領セオドア＝ルーズベルトの仲立ちで結ばれた日露戦争の講和条約。 日本は韓国への指導権、南満州鉄道の権利、北緯50度以南の南樺太などを得た。
日比谷焼き打ち事件	賠償金が得られなかったことなど、ポーツマス条約の内容に怒った市民が起こした暴動。

🪖 この人物を学べ！

与謝野晶子	日露戦争に反対した女流歌人。 戦地の弟を想い『君死にたまふことなかれ』という詩を発表した。
東郷平八郎	海軍大将。日露戦争中、連合艦隊を率いて日本海海戦でバルチック艦隊を破った。

韓国併合

人悔いを残す

1910年

安易な併合

安重根（アンジュングン）　伊藤博文暗殺　韓国併合

🖊 学習のポイント！

かんこくとうかんふ 韓国統監府	韓国に対する指導権を得た日本が、1905年に首都の漢城（現ソウル）に置いた官庁。 これにより日本の軍事支配が進んだ。
ちょうせんそうとくふ 朝鮮総督府	1909年に初代韓国統監であった伊藤博文が安重根によって暗殺されると、日本は1910年に韓国を植民地とした（韓国併合）。 その後国名を韓国から朝鮮に改め、朝鮮総督府を置き、支配を強めた。 初代総督は寺内正毅。

記述のポイントはコレだ！

問 韓国併合後に、日本が朝鮮で行った支配にはどのようなものがあるか？

答 名前を日本の名前に変えさせたり、日本語や日本史を学ばせたりした。
神社をつくり天皇を敬わせた。
また、朝鮮の人々の土地を取り上げた。そして、強制労働させるため日本に連行された朝鮮の人たちもいた。

関税自主権の回復

いい**ぞ**寿太郎

1911年　小村寿太郎

自主回復

関税自主権の回復

🖊 学習のポイント！

欧化政策 （おうか）	条約改正を達成するため、政府がおし進めた日本の近代化を欧米諸国に示す政策。
鹿鳴館 （ろくめいかん）	欧化政策の一環で**東京麹町**（こうじまち）に建てられた洋式の建物。外国人を招きさかんに**ダンスパーティー**が開かれた。
ノルマントン号 事件	1886年に**和歌山**県沖で**イギリス**船ノルマントン号（ごう）が沈没（ちんぼつ）し、日本人の乗客が救助されずに全員死亡したという事件。 イギリス人船長は**領事裁判権**（りょうじさいばんけん）（**治外法権**（ちがいほうけん））によってイギリスの法律で裁判を受け、軽い罪で釈放（しゃくほう）された。

👤 この人物を学べ！

陸奥宗光 （むつむねみつ）	<u>1894年に日英通商航海条約を結び</u>、**領事裁判権の撤廃**（てっぱい）に成功した外務大臣。
小村寿太郎 （こむらじゅたろう）	<u>1911年に日米通商航海条約を結び</u>、**関税自主権の回復**（かんぜいじしゅけん）に成功した外務大臣。

歴史 86

明治時代の文化

黄色い野に赤い鹿
野口英世が黄熱病研究　志賀潔が赤痢菌発見

夏の森は葉が一・二枚
夏目漱石　森鷗外　樋口一葉　二葉亭四迷

この人物を学べ！

北里柴三郎	福沢諭吉の援助で設立された**伝染病研究所**（現東大医科学研究所）の初代所長。**破傷風**を治す血清療法を発見した。
野口英世	**アフリカ**にわたって黄熱病を研究したが、自分も黄熱病にかかり死去した。
志賀潔	伝染病研究所で北里柴三郎に学び、赤痢菌を発見した。
夏目漱石	**『坊っちゃん』『吾輩は猫である』**などの代表作で知られる小説家。近代的で知性豊かな小説を書いた。
森鷗外	小説家、軍医。自身のドイツ留学の体験をもとに書いた『舞姫』、歴史を題材とした『高瀬舟』などの代表作がある。
樋口一葉	『たけくらべ』などの感性豊かな小説を書いた女流作家。
二葉亭四迷	代表作『浮雲』は、初めて話し言葉で書かれた小説として有名。
黒田清輝	洋画を広め、『読書』『湖畔』などを描いた。

第一次世界大戦

さらに山東

サラエボ事件　山東半島

行く意志固く一次大戦

1914年　第一次世界大戦

学習のポイント！

<u>サラエボ事件</u>	<u>オーストリア</u>の皇太子夫妻がボスニアの**サラエボ**を訪問している時、<u>セルビア</u>**人青年**に暗殺された事件。
第一次世界大戦	<u>サラエボ事件</u>をきっかけに、**三国同盟（ドイツ・オーストリア・イタリア）**側と**三国協商（イギリス・フランス・ロシア）**を中心とした連合国側との間に、<u>1914年</u>に起こった戦争。
<u>二十一か条の要求</u>	1914年に日本が中国の**山東半島**にある**ドイツ軍基地**を攻撃し、その翌年、中国の**袁世凱大総統**に対して出した要求。 山東省でドイツが持っていた権利を日本にゆずることなどが書かれている。
大戦景気	第一次世界大戦中、日本がアジアの市場を独占し、アメリカへの<u>生糸</u>の輸出を伸ばしたことによって発生した好景気。
<u>成　金</u>	大戦景気で急に大金持ちになって、浮かれていた人たちを指して、皮肉をこめて呼んだ呼称。将棋のことばからきている。

歴史 88

米騒動

シベリアへ

シベリア出兵

行くのいやだと米騒動

1918年　米騒動（富山の主婦）

📜 学習のポイント！

ロシア革命	レーニンが中心となって、ロシアで世界最初の<u>社会主義</u>政権を誕生させた革命。 **1922年**には<u>ソビエト社会主義共和国連邦</u>が成立した。
シベリア出兵	ロシアの**社会主義革命**をけん制するために、日本やアメリカなどの国々がシベリアに出兵した。
米騒動 （こめ そう どう）	**シベリア出兵**に備え米商人が米を買い占めたため米の値段が上がり、これを原因に発生した民衆の暴動。<u>富山</u>（とやま）県魚津（うおづ）で初めて起こり、やがて全国に広がった。 この責任をとり<u>寺内正毅</u>（てらうちまさたけ）内閣は総辞職し、<u>立憲政友会</u>（はらたかし）の<u>原敬</u>が日本初の**本格的な政党内閣**をつくった。

🎓 この人物を学べ！

原　　敬	**米騒動**のために**寺内内閣**が総辞職したあとを受け総理大臣となり、<u>本格的な政党内閣</u>をつくった。

ベルサイユ条約

行く行くパリの

1919年　パリ講和会議

ベルサイユ

ベルサイユ条約

📝 学習のポイント！

ベルサイユ条約	第一次世界大戦終戦の翌年、**フランスのパリ**で開かれた講和会議で結ばれた条約。 日本は旧ドイツ領の南洋諸島及び山東省にあったドイツの権益を引き継いだ。
国際連盟	第一次世界大戦後、世界平和のために**アメリカ大統領ウィルソン**の提唱でつくられた国際組織。本部は**スイスのジュネーブ**に置かれ、日本は**常任理事国**となった。
三・一独立運動	日本の**植民地**にされた朝鮮で起こった独立運動。「独立」とつくほうが朝鮮で起こった反日運動。
五・四運動	二十一か条の要求をつきつけられた**中国**で起こった反日運動。

👨 この人物を学べ！

新渡戸稲造	国際連盟の**事務局次長**として活躍した。 『武士道』を英文で著す。
ガンディー	イギリスの植民地であったインドで、**非暴力・不服従**の運動を起こした人物。

歴史 90

関東大震災

大震災、
関東大震災
遠くに見えて悔い残る

1923年9月1日

🖊 学習のポイント！

関東大震災 （かんとうだいしんさい）	1923年9月1日に関東地方で発生した**大地震（M7.9）**による災害のこと。 死傷者・行方不明者は約11万人を数えた。

📝 入試「これだけは！」

大正 デモクラシー	大正時代に入り、人々が自分たちの力で政治や社会を動かそうとして、さまざまな活動を行った。
民本主義 （みんぽんしゅぎ）	東京帝国大学教授の**吉野作造**（よしのさくぞう）が「政治は国民のために行われるべきもの」として、普通選挙と政党政治が必要であると唱えた。
新婦人協会	**平塚らいてう**（ひらつか）・**市川房枝**（いちかわふさえ）らが中心となり、女性の地位向上や古い習慣からの解放、婦人参政権を求め運動を行った。
全国水平社 （ぜんこくすいへいしゃ）	明治時代から残っていた差別をなくすために1922年に京都で創立された。
小作争議	小作人が、自分たちの地位保全や、地主に払う**小作料**（こさくりょう）の減額を求めた運動。

普通選挙法・治安維持法

特にニコニコ普通選挙

1925年　満25歳以上の男子に選挙権　普通選挙法

とっくに御法度社会主義

1925年　社会主義運動弾圧

📝 学習のポイント！

第一次 護憲運動	1912年に立憲政友会の尾崎行雄を中心として起こった、藩閥政府を倒す運動。 これにより桂太郎内閣は総辞職に追い込まれた。
第二次 護憲運動	**1924年**に起こった政治運動。 貴族院議員を中心とする清浦奎吾内閣に反発し、憲政会の加藤高明内閣が成立した。
普通選挙法	**1925年**に成立した、満25歳以上の男子すべてに選挙権を与える法律。 これにより選挙権に税金の制限が無くなった。
治安維持法	**普通選挙**によって社会主義者が議会に進出することをおそれた政府が出した、社会主義運動を厳しく弾圧する法律。

🎓 この人物を学べ！

尾崎行雄	明治・大正・昭和時代の政治家。**第一次護憲運動を**起こした。 25回連続で当選し「**憲政の神様**」と呼ばれた。**東京市長**も務めた。

大正時代の文化

志賀高原のシラカバ林
志賀直哉（白樺派）

小林君はカニのプロ
小林多喜二『蟹工船』（プロレタリア文学）

歴史

学習のポイント！

大正文化 （たいしょう）	この時代、生活の中に「**モダン**」が取り入れられ、急速に近代化が進み、職業婦人も増えた。 ラジオ放送やデパート・カレーライスといった文化が広まったのもこの時代である。

この人物を学べ！

志賀直哉 （しがなおや）	白樺派（理想主義・人道主義・個人主義的な考えの文学）の作家。 『暗夜行路』（あんやこうろ）などを著した。
芥川龍之介 （あくたがわりゅうのすけ）	**新思潮派**（人間の生き方を追究した文学）の作家。 『羅生門』（らしょうもん）『蜘蛛の糸』（くものいと）などを著した。
小林多喜二 （こばやしたきじ）	**プロレタリア文学**（社会主義の文学）の作家で、『蟹工船』（かにこうせん）などを著した。 後に治安維持法による弾圧（だんあつ）を受け獄死した。
柳田国男 （やなぎたくにお）	日本各地に伝わる風習や民話を研究し、民俗学（みんぞくがく）の基礎（きそ）を築いた。

満州事変・国際連盟脱退

いくさひとばん満州事変

1931年　満州**侵攻**（満州事変）

リットン散々、連盟脱退

リットン**調査団**　19**33年**　**国際**連盟脱退

学習のポイント！

金融恐慌	昭和時代はじめの1927年、銀行の休業や倒産によって起こった経済危機。
世界恐慌	1929年、アメリカのニューヨークでの株価暴落から始まった世界的な恐慌。日本も打撃を受けた。
ブロック経済	世界恐慌に対応するためイギリスやフランスで行われた経済政策。本国と植民地など関係の強い地域だけで貿易を行い、ほかの国からの輸入品には高い関税をかけた。 植民地の少ない日本やドイツはこれに反発した。
財閥	**三井**・**三菱**・**住友**などの大会社が、倒産したりした会社を次々と吸収してできた大きな企業集団。後に軍部と結びついた。
柳条湖事件	**1931年**、満州駐留の日本軍（関東軍）によって、**柳条湖**の近くで日本の所有する**南満州鉄道**の線路が**爆破**された事件。
満州事変	日本が、**柳条湖事件**を中国軍のしわざとして満州を占領し、**満州国**を建国した事件。
リットン調査団	満州事変の原因を究明するため、**国際連盟**が派遣した調査団。

五・一五事件、二・二六事件

いくさになるぞい五・一五

1932年 犬養毅首相暗殺 五・一五事件

行く寒い道高橋これ着よ

1936年 高橋是清蔵相暗殺 二・二六事件

📝学習のポイント!

五・一五事件	1932年5月15日、海軍の青年将校たちが中心となり、軍部の行きすぎを抑えようとした犬養毅首相を暗殺した事件。 政党政治が終わり、軍部台頭のきっかけとなる。
二・二六事件	1936年2月26日、軍部中心の政権を打ちたてようと、陸軍の青年将校が起こした事件。 高橋是清らが暗殺された。
ファシズム	独裁者が国民の多数派の支持を得て国家権力を握り、少数派を弾圧して民主主義を行わない政治形態のこと。

この人物を学べ!

犬養 毅	第29代内閣総理大臣。 満州国承認を迫る軍部の要求を拒否した。 1932年、五・一五事件により暗殺された。
高橋是清	斎藤実内閣の大蔵大臣時に軍事予算の縮小をはかって軍部の恨みを買い、二・二六事件で暗殺された。

盧溝橋事件（日中戦争）

いくさなつかし

1937年

盧溝橋

盧溝橋（ろこうきょう）事件

🔖 学習のポイント！

日中戦争	1937年、北京郊外の盧溝橋での日中両軍の武力衝突から始まった、日本軍の侵略戦争。 当時内戦中であった蔣介石（国民党）と毛沢東（共産党）は協力して日本に対抗した。
南京事件	日中戦争中、首都南京を占領した日本軍兵士が、一般市民などを含めた無差別殺害をした事件。 南京大虐殺ともいわれる。
国家総動員法	政府の命令によって国民を自由に軍需工場で労働させたり、石炭・金属などの資源を優先的に軍事に回せるようにしたりする法律。
大政翼賛会	政党を全て解散し、政府に協力するために再編された組織。

🎩 この人物を学べ！

近衛文麿	日中戦争時の内閣総理大臣。 大政翼賛会などを組織、また、日独伊三国同盟や日ソ中立条約を締結した。

第二次世界大戦

いくさ苦しい

1939年

二次大戦

第二次世界大戦

🔖 学習のポイント！

第二次世界大戦	<u>ヒトラー</u>を総統とする**ドイツ**が、ヨーロッパ全域を支配しようとし、<u>ポーランド</u>に侵攻したことをきっかけに始まった戦争。
<u>日独伊三国同盟</u>	日本が**ドイツ・イタリア**と結んだ同盟。このあと、<u>ＡＢＣＤ包囲陣</u>（**アメリカ・イギリス・中国・オランダ**）によって、石油輸出停止などの経済制裁が行われた。
<u>日ソ中立条約</u>	日本が**ソ連**との間に結んだ条約で、たがいに侵攻しないことなどを約束した条約。1945年8月8日に破棄された。

🤖 この人物を学べ！

<u>ヒトラー</u>	ファシズムを行った代表的なドイツの独裁的政治家。<u>ユダヤ人</u>を虐殺した。
<u>ムッソリーニ</u>	ファシズムを行った代表的なイタリアの独裁的政治家。
<u>東条英機</u>	アメリカをはじめとする連合国側との戦争にふみきった、陸軍出身の総理大臣。

真珠湾攻撃　ミッドウェー海戦

行くよひそかに真珠湾

1941年　太平洋戦争勃発　ハワイ真珠湾攻撃

ひどく死にそうミッドウェー

1942年　ミッドウェー海戦

🖊 学習のポイント！

太平洋戦争	日本の連合艦隊が、<u>ハワイの真珠湾</u>を攻撃し、同時に陸軍が**イギリス**領**マレー**半島に上陸して始まった、アメリカ・イギリスなどの連合国との戦争。
<u>ミッドウェー海戦</u>	太平洋戦争開始当初、日本はオランダ領東インド（現インドネシア）を占領するなど優勢だったが、**1942年**のこの戦いで敗北し、徐々に劣勢になっていった。
<u>配給制</u>	戦時中、日本では米や砂糖などの食料品、マッチなどの**生活用品**を**配給制**にした。
<u>学徒動員</u>	男子学生は兵士として徴兵され、女子学生は**女子挺身隊**として工場で働かされた。
<u>学童疎開</u>	アメリカ軍による**空襲**を避けるために都会の子どもたちを地方へ**避難**させた。
<u>ひめゆり学徒隊</u>	沖縄戦のときに戦争に駆り出された女子学徒隊。傷ついた兵士の手当てなどをした。200名以上の戦死者を出した。慰霊塔を「**ひめゆりの塔**」という。

歴史 98

ポツダム宣言受諾

無条件で行く死後の世界

無条件降伏　1945年8月14日

ハイヨぽつんとダム宣言

ポツダム宣言受諾

🗝️ 学習のポイント！

日本降伏までの出来事は日付まで覚えよう！（1945年）	
2月19日	硫黄島の戦い（3月、守備隊が玉砕）
3月10日	東京大空襲（10万人以上が死亡）
3月26日	沖縄戦開始（県民12万人以上が死亡）
5月7日	ナチスドイツ降伏
7月26日	連合国がポツダム宣言を発表
8月6日	広島に原爆投下（市民14万人以上が死亡）
8月8日	ソ連が満州国などへ侵攻
8月9日	長崎に原爆投下（市民7万人以上が死亡）
8月14日	ポツダム宣言受諾（日本無条件降伏）
8月15日	天皇による玉音放送

 入試「これだけは！」

	1945年、ドイツ降伏後に出された、日本への無条件降伏勧告。
ポツダム宣言	アメリカ大統領トルーマン・イギリス首相チャーチル・ソ連共産党書記長スターリンの間で話し合われた。

日本国憲法公布

よろしく！　いいさ！

1946年　11月3日

新憲法

日本国憲法公布

学習のポイント！

日本国憲法	GHQが作成した憲法案を元に制定された、日本の新しい憲法。「国民主権」「平和主義」「基本的人権の尊重」という三大原則が盛りこまれた。
ＧＨＱ	ポツダム宣言による日本の占領政策を実行するためにおかれた連合国軍の機関。連合国軍最高司令官総司令部の略称。最高司令官はマッカーサー元帥。
教育基本法	1947年に制定された法律。教育勅語に代わり、民主的な教育を目指すために定められた。
学校教育法	男女共学や6・3・3・4制、義務教育を6年から9年に延長することなどを定めた法律。
労働基準法	男女同一賃金や労働時間を定めた法律。
農地改革	地主から買い上げた農地を小作人に安く売りわたした。この結果、自作農が大はばに増えた。
財閥解体	三井・三菱・住友といった財閥を解体することで、経済活動の民主化をはかった。
独占禁止法	企業の自由な競争を確保するため、一部の企業が市場を独占することを禁止した法律。

朝鮮戦争

いくぞ号令

1950年

挑戦だ！

朝鮮戦争

📎 学習のポイント！

冷　戦 （冷たい戦争）	アメリカを中心とする<u>資本主義国</u>陣営と、ソ連を中心とする<u>社会主義国</u>陣営が、戦火を交えずに対立したこと。
朝鮮民主主義 人民共和国	ソ連に占領されていた朝鮮半島北部が冷戦のなか独立し、**金日成**を首相として建国された国。
大韓民国	アメリカに占領されていた朝鮮半島南部が、冷戦のなか独立し、建国された国。
中華 人民共和国	**毛沢東**率いる中国共産党が、**蔣介石**率いる国民党を**台湾**に追いやり、首都を北京として成立した社会主義国家。
朝鮮戦争	韓国と北朝鮮との間で<u>1950年</u>に起こった戦争。**韓国は国連軍**が、**北朝鮮は中国の人民義勇軍**がそれぞれ支援した。
警察予備隊	朝鮮戦争を受け、自国防衛のために組織された。<u>自衛隊</u>の前身。
特需景気	朝鮮戦争の際、アメリカが大量の物資を日本に注文したために起こった好景気。

サンフランシスコ平和条約

よし来い シスコへ

吉田茂　1951年　サンフランシスコ平和条約

日米安保

日米安全保障条約

学習のポイント!

サンフランシスコ 平和条約	1951年に結ばれた、第二次世界大戦終結のための講和条約。これにより日本から占領軍は撤退し独立を果たした。同時に日本はアメリカを中心とする西側諸国の陣営に入った。
日米 安全保障条約	サンフランシスコ平和条約と同じ日に結ばれた条約。沖縄などの国内にアメリカ軍を駐留させることを認めた。
日米 新安全保障条約	1960年に日米間で結ばれた、相互協力と安全保障に関する条約。アメリカ軍は引き続き日本駐留を認められた。
安保闘争	新安全保障条約に反対する労働者や学生、市民が参加した大規模な反政府、反米運動。

この人物を学べ!

吉田茂	サンフランシスコ平和条約や日米安全保障条約の締結に全権として参加した日本の首相。
岸信介	1960年、日米安全保障条約を改定した首相。

日ソ共同宣言

鳩がいく頃

鳩山一郎　1956年

共同宣言

日ソ共同宣言

📝学習のポイント!

日ソ共同宣言	1956年に出された宣言。 日本とソ連が国交を回復した。 鳩山一郎首相がモスクワを訪問して実現した。 これにより日本はようやく国際連合に加盟（80番目）することが認められた。
北方領土問題	現在のロシアが不法占拠している北方領土（択捉島・国後島・色丹島・歯舞群島）は日本固有の領土であるとして、ロシアからの返還を求めている問題。
国際連合	第二次世界大戦のような悲惨な戦争を二度と起こさぬよう、1945年に設立された国際組織。 本部はアメリカのニューヨークに置かれた。

この人物を学べ!

鳩山一郎	ソ連のモスクワを訪問し、日本とソ連との国交を回復させる日ソ共同宣言を発表した日本の首相。

日韓基本条約　日中共同声明

一句老後に詠む感動
1965年　日韓基本条約

苦難にたえて共同声明
1972年　日中共同声明

学習のポイント！

日韓基本条約 （にっかん）	大韓民国（だいかんみんこく）との国交を回復するために、1965年に結ばれた条約。しかし韓国とは竹島（たけしま）の領土問題がいまだ未解決である。 一方、北朝鮮（きたちょうせん）とは国交を回復していない。

この人物を学べ！

佐藤栄作 （さとう えいさく）	日韓基本条約が結ばれた時の日本の首相。続いて、1968年に小笠原諸島（おがさわら）、1972年に沖縄（おきなわ）の返還（へんかん）を実現した。 また「核兵器（かくへいき）を持たず、作らず、持ち込ませず」の非核三原則を発表し、ノーベル平和賞を受賞した。

関連事項を学んでおこう！

中華人民 共和国	人口の多さについて、世界で一二を争う国。首都は北京。近年、経済発展が著しい。 日本とは尖閣諸島（せんかく）の領土問題がある。
ロシア 連邦	世界で最も広い国（面積は日本の約45倍）。 日本とは北方領土問題がある。

日中平和友好条約

ひどく悩んで
1978年
日中平和に福が来る

日中平和友好条約　福田赳夫

🖊 学習のポイント！

日中共同声明	1972年、田中角栄首相のときに出された声明。 これにより日中両国の国交が回復した。
日中平和友好条約	1978年、福田赳夫首相のときに結ばれた、日中両国間の条約。

📝 入試「これだけは！」

所得倍増計画	1960年に池田勇人首相によって出された。 高度経済成長のきっかけとなった政策。
東海道新幹線	高度経済成長の中、東京〜新大阪間に開通した日本初の新幹線。
東京オリンピック	アジアで最初に開かれたオリンピック。 東海道新幹線建設のきっかけともなった。
石油危機	1973年に起こった。オイルショックともいう。 中東戦争をきっかけに石油の値段が上がり、日本も物価高騰など大きな影響を受けた。

日本国憲法

日本は全部
日本国憲法は前文と
いい父さん
11章103条からなる

🔖 学習のポイント！

日本国憲法の 3つの柱	<u>国民主権</u>・<u>平和主義</u>・<u>基本的人権の尊重</u>。
日本国憲法の 3つの特徴	国の<u>最高法規</u>である。 国民が定めた<u>民定憲法</u>である。 <u>前文</u>と<u>11章103条</u>からなる。
日本国民の 3大義務	<u>勤労</u>・<u>納税</u>・<u>子どもに普通教育を受けさせる</u>。
天皇の 国事行為	<u>内閣総理大臣</u>・<u>最高裁判所長官</u>の<u>任命</u>。 <u>国会</u>の<u>召集</u>など。

📊 図で理解しよう！

憲法改正の発議

衆参両院で
各総議員数の
$\dfrac{2}{3}$ 以上の賛成

発議

国民投票
過半数
の賛成

承認

天皇が
公布

第1条	天皇の地位、国民主権
	天皇は、日本国の象徴であり日本国民統合の象徴であつて、この地位は、主権の存する日本国民の総意に基く。
第3条	天皇の国事行為と内閣の責任
	天皇の国事に関するすべての行為には、内閣の助言と承認を必要とし、内閣が、その責任を負ふ。
第9条 1	戦争の放棄、軍備及び交戦権の否認
	日本国民は、正義と秩序を基調とする国際平和を誠実に希求し、国権の発動たる戦争と、武力による威嚇又は武力の行使は、国際紛争を解決する手段としては、永久にこれを放棄する。
2	前項の目的を達するため、陸海空軍その他の戦力は、これを保持しない。国の交戦権は、これを認めない。
第12条	自由・権利の保持義務、濫用の禁止、利用の責任
	この憲法が国民に保障する自由及び権利は、国民の不断の努力によつて、これを保持しなければならない。又、国民は、これを濫用してはならないのであつて、常に公共の福祉のためにこれを利用する責任を負ふ。
第14条	法の下の平等、貴族制度の否認、栄典の限界
	すべて国民は、法の下に平等であつて、人種、信条、性別、社会的身分又は門地により、政治的、経済的又は社会的関係において、差別されない。
第25条	生存権、国の生存権保障義務
	すべて国民は、健康で文化的な最低限度の生活を営む権利を有する。

公民

三権分立

国立内科に行列できて
国会（立法権）　　内閣（行政権）

裁判官が司法解剖
裁判所（司法権）

学習のポイント！

三権分立	独裁政治を防ぐために、政治権力を**立法**、**行政**、**司法**の３つに分けておたがいを監視させる仕組み。
司　　法	憲法や法律に従って争いごとなどを解決すること。<u>裁判所</u>が担当。
立　　法	議会の議決を経て法律を制定すること。<u>国会</u>が担当。
行　　政	国会が決めた法律や予算に基づいて政治を行うこと。<u>内閣</u>が担当。

関連事項を学んでおこう！

モンテスキュー	フランスの哲学者で、著作『**法の精神**』で三権分立を唱えた。

記述のポイントはコレだ！

問 国会が「国権の最高機関」と呼ばれ、内閣や裁判所よりも重要な地位にあるのはなぜか？

答 主権者である国民が選んだ代表者で構成されているから。

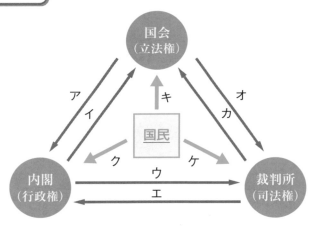

図で理解しよう！

三権分立

ア	内閣総理大臣を指名する（任命は天皇） 内閣不信任案を決議する（衆議院のみ）
イ	衆議院の解散を決める
ウ	最高裁判所長官を指名する（任命は天皇） その他の裁判官を任命する
エ	命令・行政処分の違憲審査を行う
オ	裁判官の弾劾裁判を行う
カ	国会で定めた法律が憲法に違反していないかどうか違憲立法 審査を行う
キ	国会議員を選挙で選ぶ
ク	世論調査などで国民の意見・考えを内閣に伝える
ケ	最高裁判所裁判官に対する国民審査を行う

公民

国会の種類

春は通常、秋臨時

春に開かれるのは通常国会　秋に開かれるのは臨時国会

首相指名は特別行事

衆議院総選挙後の首相指名は特別国会

✐学習のポイント！

国　　会	国権の最高機関であり、唯一の立法機関である。衆議院と参議院の二**院制**をとっている。
<u>通常国会</u>	毎年<u>1</u>月に**予算案**を審議するために開かれる国会。
<u>臨時国会</u>	**内閣の判断**またはいずれかの議院の総議員の**4分の1以上の要求**があったときに開かれる国会。
<u>特別国会</u>	衆議院の総選挙後30日以内に**内閣総理大臣**を<u>指名</u>するために開かれる国会。
<ruby>緊急集会<rt>きんきゅう</rt></ruby>	**衆議院**の<u>解散</u>中に発生した重要な議題について審議するため、参議院で緊急に開かれる集会。

関連事項を学んでおこう！

両院協議会	参議院と衆議院の議決が異なった場合に、**両院の代表者**が話し合うために設置される機関。
<u>間接民主制</u>	**主権者**である国民が自分たちの代表者を選び、代表者たちによって政治が行われる制度。

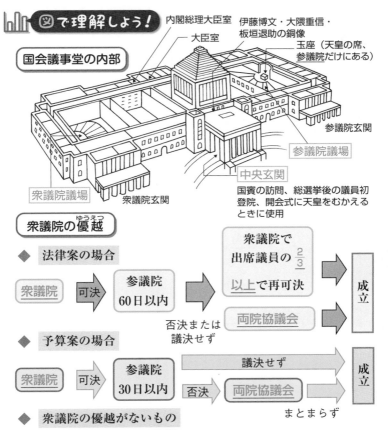

図で理解しよう！

国会議事堂の内部

内閣総理大臣室
大臣室
伊藤博文・大隈重信・板垣退助の銅像
玉座（天皇の席、参議院だけにある）
参議院玄関
参議院議場
中央玄関
国賓の訪問、総選挙後の議員初登院、開会式に天皇をむかえるときに使用
衆議院議場
衆議院玄関

衆議院の優越

◆ 法律案の場合

衆議院 → 可決 → 参議院 60日以内 → 否決または議決せず → 衆議院で出席議員の $\frac{2}{3}$ 以上で再可決 → 成立

両院協議会 → 成立

◆ 予算案の場合

衆議院 → 可決 → 参議院 30日以内 → 議決せず → 成立

否決 → 両院協議会 → まとまらず → 成立

◆ 衆議院の優越がないもの

憲法改正の発議・弾劾裁判所の設置・国政調査権など

公民 ⚖️

記述のポイントはコレだ！

問 なぜ衆議院には優越が認められているのか？

答 衆議院は参議院と比べ任期が4年と短く、解散もあるため、国民の意見をより反映しやすいから。

衆議院の定数

大衆喜ぶ、こんにゃく・

衆議院定数465名　小選挙区289名

ヒレカツ・いいな蒸しパン

比例代表176名

学習のポイント！

（2023年現在）

衆議院		議員定数	参議院	
465名	小選挙区289名	議員定数	248名※	選挙区148名
	比例代表176名			比例代表100名
4年		任期	6年	
解散あり			3年ごとに半数改選	
満18歳以上の男女		選挙権	満18歳以上の男女	
満25歳以上の男女		被選挙権	満30歳以上の男女	

※2018年改正公職選挙法成立により、定数が変更となった。

◆　選挙制度

小選挙区制	衆議院選挙で採用されている選挙制度。全国を289の選挙区に分け、1選挙区から1名を選出する。
選挙区制	参議院選挙で採用されている選挙制度。都道府県ごとに選出する。一部は合区。
比例代表制	有権者が政党に投票しその得票数に応じて「ドント式」により、各政党の当選者数が決まる選挙制度。

内閣の仕事

天皇に助言と承認
天皇の国事行為に助言と承認を与える

長官指名！
最高裁判所長官を指名し、その他の裁判官を任命する

学習のポイント！

内閣のしくみ	内閣総理大臣とその他の国務大臣により構成。大臣は文民（軍人でない人）でなければならない。
内閣のはたらき	❶ 予算案や法律案の作成 ❷ 外国との条約を締結する ❸ 行政のための政令を出す ❹ 天皇の国事行為に対し助言と承認を与える ❺ 最高裁判所長官を指名する（任命は天皇） ❻ その他の裁判官を任命する
議院内閣制	内閣が国会に対し、連帯責任を負うこと。

公民

図で理解しよう！

内閣の総辞職

公　民 | 185

1府12省庁

軽装の某在校生が

経済産業省　総務省　農林水産省　防衛省　財務省　厚生労働省　外務省

韓国訪問

環境省　　国土交通省　　法務省　　文部科学省

📝 学習のポイント!

総 務 省	地方自治・**選挙**・消防・電気通信・放送など
法 務 省	法律や人権を守る・刑の実行や刑務所管理など
財 務 省	予算案の作成・**税務**管理・金融など
外 務 省	外国との交渉・**条約**・各国大使館管理など
環 境 省	公害防止・自然保護・**世界自然遺産**管理など
防 衛 省	**自衛隊**の組織・管理・国防など
経済産業省	商工業・貿易・**関税**の管理など
農林水産省	農業・林業・水産業の改良や発達など
厚生労働省	**社会保障**・医療・**年金**・**失業対策**など
国土交通省	交通・運輸・空港・**河川**・**気象**など
文部科学省	教育・文化・スポーツ・**世界文化遺産**管理など
内 閣 府	国が直接処理すべき業務・**少子化**対策など
国家公安委員会	国内の治安維持・**警察**など

暗記のポイントはコレだ!

（総・法・財・外）務　＋　環境・防衛　＋　5文字以上（6個）

公民
7

高等裁判所の場所

おふとん
大阪　福岡　東京

ひなたセンサー
広島　名古屋　高松（香川県）　仙台　札幌

学習のポイント！

司法権の独立	裁判官が日本国憲法や法律に反しない限り、おのれの良心にのみしたがって判決を下すこと。
最高裁判所	東京にある。長官1名と裁判官14名がおり、ほとんどの事件や違憲審査の最終判断を行う。「憲法の番人」と呼ばれる。
高等裁判所	札幌・仙台・東京・名古屋・大阪・広島・高松・福岡の全国8か所にある。
地方裁判所	各都府県に1か所と北海道に4か所ある。
家庭裁判所	地方裁判所と同じ場所（50か所）にある。
簡易裁判所	交通違反や軽犯罪をあつかう。

関連事項を学んでおこう！

民事裁判	国民の間の権利やトラブルなどの争いを裁く裁判。
刑事裁判	犯罪を犯した人物を裁く裁判。
裁判員制度	刑事裁判の審理に国民が参加する制度。
三審制	3回まで裁判を受けられる制度。不服申立ての1回目を控訴、2回目を上告という。

被選挙権の年齢・地方自治

参議員と知事さんは
参議院議員　都道府県知事

30歳
被選挙権30歳以上　ほかは25歳以上

学習のポイント！

地方分権	さまざまな行政サービスの権限や税金などの財源を、国から地方へと移すこと。
地方自治体	都道府県や市町村のこと。**地方公共団体**ともいう。
地方交付税交付金	地方自治体に対して、国から使い道を指定されずに交付されるお金。
国庫支出金	地方自治体に対して、国が使い道を指定して出すお金。
条　例	地方自治体の議会が定める決まりのこと。
住民投票	ダム・ごみ処理施設の建設や**市町村合併**など、住民生活に直接関係することについて、住民が参加して投票すること。
直接請求権	住民が一定の署名を集めれば地方自治体にさまざまな要求を行える権利。 この権利が認められているため、地方自治体は「民主主義の学校」とも言われる。 ●**条例の制定・改正・廃止** 　…50分の1以上の署名 ●**首長や議員のリコール**（解職）・**議会の解散** 　…3分の1以上の署名

社会保障制度

日本の保障は

社会保障制度の4つの柱

社社公公

社会保険　社会福祉　公的扶助　公衆衛生

学習のポイント！

社会保険	医療保険・年金保険・介護保険などがあり、病気の人やお年寄りなどを助ける制度。
社会福祉	高齢者や身体障がい者が安心して生活できるような施設をつくったりする制度。老人ホームやリハビリテーション施設など。
公的扶助	病気で仕事ができない人や、所得が低い人などの、生活費や医療費を援助する制度（生活保護法）。
公衆衛生	国民の健康の管理やインフルエンザ対策などを行う制度。主に保健所が担当。

関連事項を学んでおこう！

ノーマライゼーション	高齢者や障がい者などが、障がいのない人々と同じように生活が送れる社会をつくること。
バリアフリー	ノーマライゼーションの実現のため、高齢者や障がい者とそうでない人々とのかべを取り除くこと。
介護保険	介護が必要となった人の世話を行うために、2000年から始まった社会保険制度。

公　民

常任理事の
安全保障理事会常任理事国
アフロに注意！
アメリカ　フランス　ロシア　中国　イギリス

学習のポイント！

国際連合	国際平和を目指すため、1945年10月24日に<u>51か国</u>が集まってつくられた国際組織。
<u>総　　会</u>	国際連合の最高機関。毎年１回、９月から通常総会が開かれ、<u>193</u>の加盟国すべてが参加する。
<u>安全保障理事会</u>	世界の平和を守る組織。 **常任理事国5か国**（<u>アメリカ・フランス・ロシア連邦・中国・イギリス</u>）と非常任理事国<u>10</u>か国（**任期<u>2</u>年**）からなる。
<u>国際司法裁判所</u>	加盟国間の問題を、**国際法**に基づいて解決する。本部は**オランダ**の<u>ハーグ</u>。 裁判官は国籍の違う15人で構成される。
事　務　局	国連の各機関の運営を行う。 **事務総長**は国連の代表となり、2017年に９代目の<u>アントニオ・グテーレス</u>（**ポルトガル**出身）が任命された。
経済社会理事会	多数の**専門的な機関**があり、教育・保健・労働など、いろいろな分野で活動している。
国際連合憲章	国際連合を結成するために、1945年６月にアメリカの**サンフランシスコ**で調印された文書。

国際連合組織図

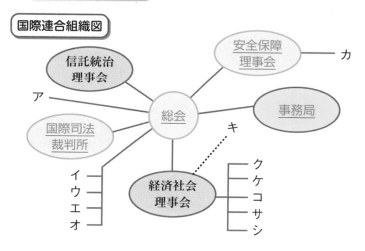

ア	国際原子力機関（IAEA）
イ	国連児童基金（UNICEF、ユニセフ）
ウ	国連難民高等弁務官事務所（UNHCR）
エ	国連貿易開発会議（UNCTAD、アンクタッド）
オ	国連環境計画（UNEP、ユネップ）
カ	国連平和維持活動（PKO）
キ	世界貿易機関（WTO）
ク	世界保健機関（WHO）
ケ	国連教育科学文化機関（UNESCO、ユネスコ）
コ	国連食糧農業機関（FAO）
サ	国際労働機関（ILO）
シ	国際通貨基金（IMF）

- 国際 = **I**nternational ● 世界 = **W**orld
- 国連 = **U**nited **N**ations

宮本 毅（みやもと たけし）

　アテナ進学ゼミ主宰。一橋大学社会学部社会問題政策課程卒業。大学卒業後、首都圏大手進学塾に入社し、小・中学生の最上位クラスの指導にあたる。きめ細やかな指導で多くの塾生を難関校に送り込む。2006年に独立し、東京・吉祥寺に中学受験専門塾「アテナ進学ゼミ」を設立。【子どもたちを、自ら考え行動する人間に育てるためには、知識を組み合わせる応用力を養う必要がある】という信念のもと、科目間の垣根を取り払い、算数・国語・理科・社会の全科目を一人で指導している。

　主な著書に、『改訂第2版 中学受験 ゴロ合わせで覚える理科100』（KADOKAWA）のほか、『はじめての中学受験 これだけは知っておきたい12の常識』（ディスカヴァー・トゥエンティワン）、『合格する子がやっている 忘れない暗記術』（かんき出版）などがある。

改訂第2版（かいていだい はん）　中学受験（ちゅうがくじゅけん）
ゴロ合（あ）わせで覚（おぼ）える社会（しゃかい）140

2024年2月2日　初版発行
2024年9月10日　再版発行

著者／宮本 毅（みやもと たけし）

出演／小西 克幸（こにし かつゆき）

発行者／山下 直久

発行／株式会社KADOKAWA
〒102-8177　東京都千代田区富士見2-13-3
電話　0570-002-301（ナビダイヤル）

印刷所／株式会社加藤文明社印刷所

製本所／株式会社加藤文明社印刷所

©Takeshi Miyamoto 2024　Printed in Japan
ISBN 978-4-04-606669-5　C6030